연구보고서
2024-11

JN424177

근로시간 통계 국제비교로 본 정책 방향

성재민 · 김기선 · 정진호

한국노동연구원

목 차

표목차

그림목차

요 약

이 연구는 우리나라의 근로시간 실태를 국제적 맥락에서 비교 분석하였다. 근로시간 법제 국제 비교연구는 많았으나, 실제 근로시간 실태가 어떤지에 대해서는 국제기구가 내놓는 극히 부분적인 통계에 기초한 연구밖에 없었다. 이런 통계로는 단편적 비교 외에는 불가능해 실제 근로시간이 어떻게 운영되고 있는지에 대한 보다 심화된 이해를 하는 방향까지 나아갈 수 없었다. 이 연구는 이런 한계를 뛰어넘기 위해 개인 원자료를 이용해 근로시간 실태를 비교 분석하고, 각 국가별 근로시간 규제와 관행의 관련성을 분석하여 기존 연구의 공백을 메우는 것을 목표로 하였다. 이를 통해 우리나라의 근로시간 정책이 어떤 방향성을 지향해야 하는지에 대한 시사점을 도출하고자 하였다.

이 연구에서는 근로시간을 측정하는 방법론에 대해서도 검토하였다. 근로시간 실태를 국제비교 하려면 근로시간을 측정하는 방법론적 개선도 중요하다. 해외의 주요 조사들을 보면 평소 근로시간과 실제 근로시간을 구분해 조사하는 경우가 많고, 매주 근로시간을 연속적으로 조사하는 경험도 쌓여 있다. 우리나라는 통계청 경제활동인구조사를 통해 평소 근로시간이 조사되긴 하지만 공표되지 않고 있으며, 근로시간 제도 개선이 중요한 과제로 다루어져 왔음에도 매주 근로시간의 측정은 시도조차 하지 않고 있다.

2023년에는 노동개혁의 일환으로 근로시간 개혁이 주요 주제로 다루어졌다. 이 보고서가 작성된 2024년 말 시점에서도 경제사회노동위원회를 통해 근로시간 개혁이 다루어지고 있는 상태이다. 이 연구에서도 해결해야 할 과제에 대해 검토하여 향후 근로시간 제도 개선 방향을 제시하고자 하였다.

제2장에서는 국제 데이터를 이용해 근로시간 실태를 비교 분석하였

다. 우리나라의 근로시간은 2023년 들어 근로자 기준 연간근로시간이 1,874시간으로 떨어졌다. 연간근로시간은 휴가, 휴직 등의 행태와도 관련이 있기 때문에 이를 제외한 평소 근로시간 비교부터 시작할 필요가 있다. 이 보고서에서 분석을 위해 활용한 EWCS와 근로환경조사는 평소 근로시간을 조사하고 있다. 분석결과, 장시간 근로 비중은 이제 EU 15개국 수준에 근접해 있음을 확인할 수 있었고, 단시간 근로에서의 현격한 비중 차이가 평소 근로시간 차이의 가장 중요한 요인인 것으로 결론지을 수 있었다.

유럽은 근로시간이 짧음에도 불구하고 특이시간 근로가 우리나라보다 훨씬 활발한 것도 발견하였다. 토요일, 일요일 근무뿐 아니라 하루 10시간 이상 근무, 야간근로, 교대제 근무에서 모두 우리나라보다 유럽에서 훨씬 활발하게 근로자들에 의해 경험되는 것으로 나타났다. 본문에서 깊이 다루지는 않았지만, 늘 이런 시간대에 일하는 사람도 어느 정도 규모가 되지만, 때때로 이 시간대에 일하는 사람도 상당하게 나타났다. 평소가 아니라 일이 있으면 이렇게 일하는 사람들이 상당하다는 의미이다. 그럼에도 불구하고 우리나라 식의 장시간 근로로 이어지는 것은 아니었다. 일이 있을 때, 필요가 있을 때 수요에 부응하는 대신 일이 적으면 충분히 쉬는 식의 근로행태의 결과로 이해할 수 있다. 4개월 단위 평균 주당 48시간 이내 범위에서 탄력적으로 일하게 되어 있는 EU 지침도 이와 같은 문화의 결과일 것이다.

유연근로도 우리나라와 비교할 수 없을 정도로 현격한 차이로 활발히 이용하고 있었다. 단축근로 등 단시간 형태뿐 아니라 근로자의 시간 및 장소 주권이 어느 정도 보장되는 형태도 활발히 이용되고 있었으며, 출퇴근 시간이 정해져 있지 않은 형태도 상당히 이용되고 있었다.

25~49세 근로자 전체를 대상으로 '시간제', '주당 평소 32시간 미만', '주당 4일 이하 근무', '고정된 출퇴근 시간 없음', '재택', '근로시간 결정 권한 있음' 중 하나라도 해당되는 경우로 시간제를 포함해 분석하면, 80% 이상인 국가가 9개국이나 되며(6세 이하 자녀 있는 여성 25~49세 기준), 스페인, 포르투갈, 그리스 정도를 빼면 여성은 6세 이하 자녀 유무

와 관계없이 70%를 상회하는 이용률을 보이고(자녀 있는 경우 스페인 66.3%, 포르투갈 43.4%, 그리스 48.4%, 자녀 없으면 이보다 다소 낮음), 남성도 60% 근방의 이용률을 보였다. 이와 같은 높은 수치로부터 다양한 형태의 유연한 근로시간 형태를 25~49세 연령대 전반에서 보편적으로 활용한다고 이해할 수 있겠다. 반면, 우리나라는 유럽 주요국 어느 나라(그리스나 포르투갈)보다도 유연한 근로시간 형태의 활용률이 크게 낮게 나타났다(여성 기준 시간제 포함 시 약 25% 수준 활용).

선진국을 대상으로 할 때 여성 고용은 합계출산과 정(+)의 관계에 있다고 알려져 있다. 이 연구에서는 유연근로시간 형태 활용 정도를 추가로 통제할 때 결과가 어떻게 바뀌는지 확인해 보았다. EU 15개국을 대상으로 합계출산율과 고용률 관계를 추정해 보면 확실히 정(+)의 관계가 나타나지만, 유연근로시간 형태 활용정도를 통제하면 고용률과 출산율 관계는 무의미해지고, 대신 합계출산율과 유연근로시간 형태 활용 정도는 뚜렷한 정(+)의 관계를 갖는 것으로 나타났다. 즉, (여성의) 시간제 포함 각종 유연근무와 관련된 지표들의 활용 비중이 높은 국가들에서 합계출산율이 높은 경향이 있음을 보여준다. 선진국이 되면 자연스럽게 고용과 출산의 관계가 정으로 바뀌는 것이 아니라, 각종 유연시간 형태들이 활성화되면서 나타난 현상임을 이 결과는 보여준다고 결론지을 수 있었다.

또한, 유럽 데이터를 이용해 분석한 결과, 유연근로시간 형태 활용률과 고용률의 관계는 뚜렷한 정의 관계로 나타났으며, 유연근로시간 형태별로 보면 재택근로는 일생활 균형감각에 영향이 없으나 고정된 출퇴근 시간이 없다, 근로시간 결정권이 나에게 있다, 단시간 등은 뚜렷한 일생활 균형 개선효과를 보였다. 다만, 재택근로는 자녀수에 뚜렷한 정의 영향을 미쳤으며, 근로시간 결정권도 그러했다. 여성은 단시간 형태도 뚜렷한 정의 영향을 보였지만, 유럽에서도 남성은 아닌 차이도 있었다.

자녀수에 유의한 영향을 미친 유연근로시간 형태 중 근로자의 시간 및 장소 주권과 관련된다고 볼 수 있는 재택근로와 나에게 근로시간 선택권 있음/ 상당히 있음만 기업 규모별로 활용률을 분석해 보면, EU 15개국은 6세 이하 자녀가 있는 경우 2~9인 기업에서 일하는 여성 근로자의 45.6%가 활용하고, 10~249인 기업에서 일하는 여성 근로자의 57.8%가 활용하며, 250인 이상 기업에서 일하는 여성 근로자의 69%가 활용하는 것으로 나타난 반면, 우리나라는 이 수치가 각각 20.3%, 21.4%, 33.6%로 절반 미만 수준이며, 250인 이상 규모조차 EU 15개국의 2~9인 규모 활용률에 미치지 못하는 것으로 분석되었다.

EU 15개국의 경우 기업 규모가 작은 곳에는 근로자 비중 자체가 작고, 250인 이상에 거의 절반가량의 근로자가 고용되어 있는 노동시장 구조 차이가 있다. 이를테면, 우리나라 여성 근로자의 40%는 2~9인 규모에 있는데 이 규모에서 유연근로 활용률은 20.3%밖에 되지 않는다. 근로자 대표 역할이 크기 어려운 소규모 업체에 여성 근로자가 많이 분포하고 있어 우리나라에서는 사업주 선의와 선의를 끌어낼 정부의 유인제공이 더 중요하다는 의미이다.

그런데, 엄밀한 방법론을 이용한 연구결과들을 보면 근로자 시간 및 장소 주권과 관련된 유연근로시간 제도들이 기업의 생산성을 개선하는지가 불분명하게 나타난다. 유연근로 그 자체가 아니라 성과관리, 성과급 시스템 등 좋은 경영관행과 결합되었기 때문에 생산성에 긍정적이라는 연구도 있을 정도이다. 실제 유럽 15개국 데이터에서 근로자의 시간 및 장소 선택권이 있는 형태의 유연근로제일 경우 개인 또는 팀 성과급 임금체계(생산직의 개수임금제 포함)와 동반되는 경향이 발견되었다. 시간 주권 및 장소 주권과 관련성이 특히 높은 근로시간 조정권한이 나에게 있음, 재택근로는 근로시간도 일반적인 전일제 근로자보다 긴 것으로 나타나, 업무 강도와 시간 및 장소의 자율성 간에 교환이 있었을 가능성을 시사하였다. 저출산 극복과 근로자 만족을 위해 근로자 시간 주권이 존중되는 것이 시대적 과제라 할 수 있겠지만, 기업의 생산성 요구와도 조화를 이룰 필요가 높음을 보여주며, 근로자 자율성을 높이는 변화는 조직관리, 임금체계 면에서의 개혁과 동반되어야 함을 보여준다고 할 수 있었다.

연간근로시간 차이 중 평소 근로시간으로 설명되는 부분은 단시간 근로 비중 차이로 상당히 설명되며, 유럽에서는 짧은 근로시간을 활발한 유연근로와 특이시간대 근로 감수로 극복하고 있음도 확인할 수 있었다. 연간근로시간 차이에서 큰 부분은 휴가, 휴직 등 쉼 관행과도 관련이 있다. 이 부분은 일시휴직 통계 비교를 통해 극적으로 차이를 확인할 수 있었다. 이를테면, 여름 휴가철에 대부분의 EU 국가들은 취업자의 30% 이상이 일주일 이상의 휴가를 즐기며, 이는 코로나 도시 봉쇄 당시 발생한 일시휴직과 비슷하거나 보다 큰 규모인 것으로 나타났다. 부활절 연휴, 연말 연초에도 상당한 규모의 취업자가 일주일 이상 휴가를 즐기는 것을 확인할 수 있었다. 그러나 우리나라는 8월 일시휴직 규모가 3%에 머무르는 등 비교 자체가 불가능한 휴식수준을 보이는 것으로 나타났다. 이 외에도 OECD 연간근로시간 추정 방법론에 따른 연간근로시간 분해 문헌을 보더라도 평소 주당 근로시간 차이보다는 휴가, 휴직, 병가 등 관행 차이가 훨씬 더 큰 연간근로시간 차이를 야기하는 요인임을 확인할 수 있었다. 일본의 월간 근로시간 감소를 보더라도 시간제 증가나 휴가 증가, 주말근로 감소로 설명될 수 있는 소정 내 근로시간 감소가 주된 역할을 했고, 초과근로시간은 지난 20년 동안 큰 변화가 없는 것으로 나타났다. 이는 우리나라에서도 연간근로시간을 더 감소시키기 위해서는 휴가, 휴직 관행 변화, 근로시간 계좌제나 중소기업에는 없는 병가제도의 도입 같은 쉼 관련 제도 변화가 필요함을 말해주는 것이다. 다만, 이와 같이 제도 변화를 할 때에는 현행의 시기지정권과 변경권도 개선해야 중소기업에서 실질적으로 쉼이 작동할 수 있을 것이라 제안하였다.

제3장에서는 실근로시간 측정 방법을 다루었다. 이 장에서는 실근로시간 측정의 개선과제로 사업체노동력조사에서는 소정근로시간 중 반차 등 휴가로 일하지 않은 근로시간을 차감하는 부분을 명확히 하는 것과 함께, 경제활동인구조사에서는 조사 주간만이 아니라 매월의 근로시간을 측정하는 방향으로 확대하는 것을 제안하였다.

사업체 응답의 경우 소정근로시간을 주휴포함 지불 근로시간인 209시간으로 응답하는 오류를 어렵지 않게 발견할 수 있었다. 별도로 가이드를 분명히 하지 않는 한 조사오류로 이어질 가능성이 상당했다. 또한, 현재 조사설문은 일하지 않는 날은 조사하나 반차같이 하루의 일부만 일한 날은 제대로 근로시간이 포착되길 기대하기 어려운 측면이 있었다. 이런 점을 고려해 출근하지 않은 소정비근로일을 조사하는 것이 아니라 비근로시간을 조사하자는 제안을 하였다.

경제활동인구조사의 경우 현재도 조사대상 주간에 대해서는 일-토요일 매일에 대해 근로시간을 각각 기록하도록 하고 있는데, 이 방식을 월간 전체로 확대해 특정 조사대상 주간의 근로시간으로 나머지 주의 근로시간을 외삽해야 하는 문세를 완화하자고 제안하였다. 매일의 근로시간을 가구에 비치한 보조조사표를 활용해 기록하고, 이를 토대로 주간 실근로시간을 응답하는 구조가 갖는 타당성을 고려할 때 매월로 확대하면 더 그럴듯한 연간의 실제 근로시간을 확보할 수 있을 것이라는 기대 때문에 하는 제안이다. 비용을 더 들일 수 있다면, 선진산업국가들에서 발견되듯이 매주 연속조사형태로 조사 자체를 개편하여 특정 주의 정보가 전체 월을 대표하는 한계를 극복하게 하는 보다 근본적인 조사 방법 혁신도 고려할 수 있을 것이다.

제4장에서는 근로시간 제도의 현대화를 위한 법제도 개선방안을 다루었다. 근로시간 제도변화는 급격하게 진행되고 있는 산업구조의 변화, 고용 및 근무형태의 다양화, 근로자의 인식 변화 등 다양한 동인에 의해 추동되고 있다. 이에 첫째, 근로시간제도 적용 제외의 재검토, 둘째, 건강권 보호를 위한 근로시간제도 개선, 셋째, 근로시간제도에 대한 노사 자율성 확대, 넷째, 휴식제도의 개선이라는 크게 네 가지 측면에서 개선 과제를 검토하였다.

첫 번째 과제로 선진산업국가들에서 사례를 찾기 어려운 근로시간제도의 적용 제외를 재검토하자고 제안하였다. 상시 4인 이하 사업에 대해 근로시간 및 휴식 제도의 단계적이면서 정부 지원이 함께하는 확대 적용 과정을 거치자는 제안과 함께, 1차 산업 일부에 대해서도 근로기준법이 제대로 적용되지 못하고 있는데, 비용이 들지 않는 40시간, 연장근로 상한 등의 규정을 먼저 적용하고, 지불이 동반되어야 하는 가산임금 등은 유예기간을 상당히 두고 적용하여 점진적으로 적용하자고 제안하였다.

건강권 보호를 위해서는 근로시간 기록 관리를 하자고 제안하고 있다. 근로시간 기록 관리는 포괄임금과도 관련성이 있는데, 포괄임금 전면 금지보다는 근로시간 기록 관리를 통해 포괄임금 약정에 포함된 초과근로시간을 넘어서는 경우 초과근로수당을 추가로 지급하도록 하는 식으로 보호하자는 것이다. 또한, 일간 최소 연속휴식시간(11시간 연속휴식)제를 탄력근로만이 아니라 일반적으로 확대하자고 제안하였다. 다만, 이 제도를 도입하더라도 EU 지침의 4개월 내 48시간 이하 근무처럼 근로시간 관리단위의 확대와 함께 논의하고, 연속휴식시간 제도가 지킬 수 없는 제도가 되지 않도록 특수한 상황, 업종과 업무에 따른 특례를 충분히 함께 검토하는 것이 필요하다고 제안하였다. 특례업종에 대해 일정한 근로시간 상한을 설정할 필요도 제안하였다. 야간근로에 대해서도 가산수당만으로 그치지 말고, 추가적인 보호를 규정하여 선진산업국가들에 준하는 건강권 보호조치를 할 필요가 있다고 제안하였다.

근로시간제도에 대한 노사 자율성도 확대하자고 제안하였다. 가장 중요한 과제는 근로시간 관리단위기간 확대이다. 우리나라는 별도의 유연근무를 도입하지 않는 한 1주 단위이다. 유럽연합은 일간 최소 연속휴식 보장 전제하에 주당 평균 근로시간이 48시간을 초과하지 않으면서 평균을 산정하는 단위로 4개월 이내를 설정하고 있다. 이제는 1주 단위가 아니라 더 긴 기간을 대상으로 노사의 자율적 합의 전제하에 관리단위를 넓힐 필요가 시급하다고 제안하였다.

시간당 노동량이 아니라 성과나 창의성 발휘가 중요한 업무가 늘어나고 있다. 이런 업무에서는 시간에 기초한 보상이 아니라, 시간 자체를 근로자 재량에 맡기는 재량근로의 확대가 불가피하므로 현재보다 대상 업무를 확대하자고 제안하였다. 법에 업무를 명시하는 방식이 아니라 노사 자율로 정하도록 나아가자고 제안하였다.

휴식시간 개편에 대해서도 제안하였다. 주휴일, 시간단위 연차 유급휴가, 근로시간저축휴가 개편 또는 도입을 구체적인 방안으로 제안하였다.

이상과 같이 근로시간 실태 국제비교, 측정방법 개선, 근로시간 현대화를 위한 제도개선 과제를 정리하였다. 근로시간 다양성 확대를 통해 새로운 세대의 요구와 기업의 필요를 조화시켜 나가는 것이 중요한 시대

과제로 부상한 가운데, 다른 선진산업국가들과 비교해 우리나라에 너무나도 많은 소규모 기업이 이와 같은 시대상의 변화에 적응할 수 있도록 돕는 것이 중요한 정책적 도전과제로 남아 있는 현실이다.

이번 연구를 통해 그동안 잘 알려져 있지 않았던 서유럽의 근로시간 운영의 실태가 다양한 측면에서 밝혀진 것이 중요한 성과라 할 수 있다. 근로시간은 길지 않게 관리되고 있으나, 우리나라보다 훨씬 활발한 특이시간근로, 하루 10시간 이상 근로, 교대제 근로 등으로 기업의 필요에 어느 정도 부응하며, 근로자의 5% 내외의 큰 규모(우리나라의 5배 이상 규모)를 가지는 관리자 직업군은 상당한 규모의 초과근로를 통해 기업을 이끌고 있는 모습도 관찰할 수 있었다. 유연근로 규모도 우리나라와 정말 현격한 격차를 보이고 있고, 합계출산율, 여성 고용률, 일생활 균형에 긍정적이서 저출산 극복과 고령자와 여성의 경제활동 활성화가 가장 큰 과제로 부상한 고령화 시대 적응을 위해 관련 제도 활성화를 목표로 한 제도 개선이 시급함도 분명히 확인할 수 있었다.

근본적으로 별도의 유연근로를 도입하지 않아도 4개월 단위 이하에서 평균 48시간을 초과하지 않으면 근로시간을 유연하게 활용할 수 있는 근로시간 관리단위 확대 방향으로의 이동이 중장기적 정책방향이어야 한다는 점도 이상의 분석을 통해 확인할 수 있었다. 지금은 하루 8시간을 초과하면 초과근로이므로 40시간 틀에서 주 4일제나 4.5일제를 실험하는 것도 만만치 않다. 대신 11시간 연속 휴식 같은 제도를 동반함을 통해 건강권 보호를 도모하는 제도 변화가 필요할 것이다.

근로시간 길이의 측면에서 장시간 근로의 규제보다는 단시간 근로 활성화가 더 중요한 과제임도 확인할 수 있었다. 연간근로시간을 줄이려면 장시간 근로 감축보다 휴식 관행 변화와 제도개선이 더 중요한 과제임도 확인할 수 있었다. 그런 차원에서 근로시간계좌제 같은 제도 도입을 과제로 제시하였으며, 중소기업들의 부담 감소를 위해 연속휴가 시기지정권-변경권 제도도 개선이 필요함을 제안하였다.

일생활 균형을 위한 소소한 변화로서 EU 15개국에서 60% 이상 어려움을 겪지 않는 근로시간 중 가족 등의 이유로 외출하는 것이 우리나라에서는 쉽지 않기 때문에 시간단위 연차 활용도 과제로 제시하였으며, 비슷한 맥락에서 4시간에 30분, 8시간에 1시간 주도록 되어 있는 근로시간 중 휴게시간도 6시간 이상 9시간 이내에서는 30분 이상 등 단축하거나 노사 합의 여지를 넓게 하는 제도 개편도 제시하였다. 이는 이른 퇴근을 가능케 하는 제도변화의 의미를 갖는다.

이상의 변화가 가능하려면, 기업들이 지금보다 훨씬 조직 관리에서 혁신을 해내야 한다. 근로자들의 다양한 근로시간 수요에 부응하는 것은 관리의 방식에서 혁신을 의미하기 때문이다. 근로자들도 보다 밀도 있는 근로시간 내 업무 진행을 통해 생산성 제고를 위해 노력해야 한다. 기업의 필요와 근로자의 시간 및 장소 주권이 조화를 이루어야 한다. 결과적으로 생산성이 개선되지 않는다면 보다 짧은 근로시간, 긴 쉼은 지속 가능성이 없기 때문이다. 매일 일찍 퇴근하고 주말에는 일 안 하는 줄 알았던 유럽의 근로자들도 일할 때는 업무상 필요를 위해 특이시간대 근로나 하루 10시간 이상 근로를 일부 감수하고, 근로자 시간 주권이나 장소 주권이 존중되는 곳에서 개인 또는 팀 성과급이 상대적으로 활성화되어 있음을 인식할 필요가 있다.

제 1 장
서 론

제1절 연구의 목적

우리나라 근로시간은 통계청 경제활동인구조사의 주된 일자리 기준으로 볼 때 2003년 48.9시간에서 20년이 경과한 2023년 38.2시간까지 줄어 왔다. 자영업자의 근로시간이 다소 길기 때문에 근로자 기준으로 보면 동 기간 48시간에서 37.2시간까지 감소하였다.

주당 49시간 이상 장시간 근로 비중도 2003년 49.2%에서 2023년 16.2%까지 크게 감소하였으며, 근로자 기준으로 봐도 동 기간 45.3%에서 11.4%까지 감소하였다. 2000년대 초반에만 해도 주 40시간제 도입 전[1)]이어서 49시간 이상 일하는 것이 일상이었으나, 현재는 일부 근로자만의 현상으로 바뀐 셈이다.

이와 같은 변화에는 주 40시간제와 함께 주 52시간 상한제도 영향을 미쳤을 것이며, 별다른 제도 변화가 없었던 2012~2016년에도 장시간 근로 비중이 6%p가량 감소한 것에서 보이듯 사회 전반의 장시간 근로 축소, 기피 분위기도 영향을 미쳤을 것이다. 근로기준법의 근로시간 규정이 적용되지 않는 5인 미만 사업체도 2023년 49시간 이상 일한 근로자 비중이 13.1% 수준

1) 1989년 이래 우리나라는 주 44시간 근로제였으며, 2004년 7월부터 2011년 7월까지 단계적으로 주 40시간제가 시행되었다.

으로, 전체 근로자의 11.4%와 큰 차이 나지 않는다.2)

이 연구는 우리나라의 근로시간 실태를 국제적 맥락에서 비교 분석한다. 기존에 근로시간 법제 국제 비교연구는 많았으나, 실제 근로시간 실태가 어떤지에 대한 비교는 국제기구가 내놓는 극히 부분적인 통계에 기초한 연구

〈표 1-1〉 근로시간 추이

	평균실근로시간(시간)		49시간 이상 비중(%)	
	임금근로자	자영업 포함	임금근로자	자영업 포함
2003	48.0	48.9	45.3	49.2
2004	47.7	48.4	44.2	47.5
2005	47.2	47.8	42.4	45.8
2006	46.9	47.6	41.4	45.1
2007	45.9	46.9	38.5	42.9
2008	44.8	45.8	35.0	39.8
2009	45.0	45.7	34.6	38.9
2010	44.3	44.9	33.2	37.3
2011	42.9	43.7	30.5	34.4
2012	43.6	44.4	30.3	34.8
2013	42.0	42.9	25.5	30.2
2014	42.8	43.7	27.2	31.9
2015	42.6	43.5	26.7	31.5
2016	41.8	42.8	24.4	29.5
2017	41.6	42.6	23.1	28.4
2018	40.2	41.3	19.1	24.6
2019	39.3	40.5	16.9	22.5
2020	37.8	38.8	13.9	19.1
2021	37.7	38.7	12.7	17.9
2022	37.0	38.1	11.6	16.7
2023	37.2	38.2	11.4	16.2

주 : 주된 일자리 기준.
자료 : 통계청, 「경제활동인구조사」 원자료, 각 연도. 저자 분석.

2) 5인 이상 사업체 고용 근로자의 2023년 49시간 이상 일한 비중은 11%이다.

밖에 없었다. 이런 통계로는 우리나라의 근로시간이 해외에 비해 길다/짧다 같은 단편적 비교 외에는 불가능해 실제 근로시간이 어떻게 운영되고 있는지에 대한 보다 심화된 이해를 하는 방향까지 나아갈 수 없었다. 이로 인해 해외의 근로시간 실태에 기반해 우리나라를 위한 정책 함의를 도출하는 데에는 큰 한계가 있었다.

이 연구는 우리나라보다 근로시간이 짧은 주요 선진산업국가들의 근로시간 관련 개인 원자료를 이용해 근로시간 실태를 비교 분석하고, 각 국가별 근로시간 규제와 관행의 관련성을 분석하여 기존 연구의 공백을 메우는 것을 목표로 한다. 이를 통해 우리나라의 근로시간 정책이 어떤 방향성을 지향해야 하는지에 대한 시사점을 도출하고자 한다.

이 연구에서는 근로시간을 측정하는 방법론에 대해서도 검토한다. 우리나라의 근로시간이 길게 나타나는 원인 중 하나로 근로시간 측정방법의 문제가 지적되어 왔다. 이를테면, 월 소정근로시간을 주휴 포함 지불근로시간인 209시간으로 잘못 응답하거나, 휴게시간을 근로시간에 포함하고 휴가사용을 근로시간에서 빼지 않는 등의 오보고로 근로시간이 과대평가된다는 지적이 있어 왔다. 근로시간 실태를 국제비교 하려면 근로시간을 측정하는 방법론적 개선도 중요하다. 해외의 주요 조사들을 보면 평소 근로시간과 실제 근로시간을 구분해 조사하는 경우가 많고, 매주 근로시간을 연속적으로 조사하는 경험도 쌓여 있다. 우리나라는 통계청 경제활동인구조사를 통해 평소 근로시간이 조사되긴 하지만 공표되지 않고 있으며, 근로시간 제도 개선이 중요한 과제로 다루어져 왔음에도 매주 근로시간의 측정은 시도조차 하지 않고 있다.

이 외에도 해외 주요 조사들은 주말 근로, 휴일근로, 초과근로, 근로시간의 근로자 자기결정권 정도, 출퇴근 시간의 고정성, 교대근로 등 근로시간의 운영과 관련된 다양한 지표들을 조사하고 있다. 우리나라는 근로시간의 운영, 일하는 방식 변화와 관련해 중요한 함의를 줄 수 있는 이와 같은 지표들이 주요 조사를 통해서는 조사하고 있지 않아 개선점을 도출하는 데에서 한계가 큰 실정이다. 근로시간의 이러한 측면들은 일자리의 질(quality) 측정이나 최근 들어 특히 이슈로 부각된 저출산 대책 맥락에서도 중요성이 크다.

2023년에는 노동개혁의 일환으로 근로시간 개혁이 주요 주제로 다루어졌다. 이 보고서가 작성된 2024년 말 시점에도 경제사회노동위원회를 통해 근로시간 개혁이 다루어지고 있는 상태이다. 이 연구에서도 해결해야 할 과제에 대해 검토하여 향후 근로시간 제도 개선 방향을 제시하고자 한다.

제2절 연구의 구성

이 연구는 유럽연합 주요국들과의 비교를 통한 근로실태 연구, 우리나라 근로시간 측정상의 개선점 연구, 근로시간 제도 개혁과제를 다룬다.

제2장에서는 유럽연합 주요 국가들과의 비교를 통해 우리나라는 왜 근로시간이 길게 나타나는지 실태를 비교 분석한다. 기존에는 주로 법적인 근로시간 제도의 차이나 초과근로의 정도 차이로 설명되어 왔다면, 최근에는 시간제 규모 차이도 원인으로 거론된다. 이 외에도 휴가 사용의 부족, 5인 미만 근로시간법제 미적용 등이 후보 원인이 될 수 있을 것이다.

최근 들어 저출산 문제의 해법 중 하나로 유연근로 확대가 주요 과제로 부각되고 있다. 이 연구에서는 근로시간이 조직되는 방식으로서 유연근로 정도 차이에도 주목한다. 우리나라가 좀 더 경직적인 평일 8시간, 월~금 근무 형태의 40시간제 운영에 매달리고 있다면, 유럽은 근로자와 사업주의 필요에 따라 집중해 일하는 식으로 유연하게 근로시간을 운영한다고 알려져 있다. 이 과정에서 근로자의 자기결정권도 어느 정도 보장되고 있다고 알려져 있다. 얼마나 선택권이 보장되는지를 포함해 근무시간 길이의 규칙성, 근무 일수의 규칙성, 근무시간대의 규칙성, 출퇴근 시간의 유연성, 교대 근무 정도, 11시간 연속휴식, 하루에 10시간 이상 근무, 공식적인 근무시간 외 시간 노동 빈도, 휴일 근로 등 근로시간의 다양한 측면에 대해 비교분석하였다.

업종별, 규모별, 직종별 차이도 제시하여 보다 심화된 이해를 돕고자 하였다. 이러한 분석을 통해 우리나라 근로시간 운영에서 무엇이 문제이고, 해결의 방향은 무엇인지 도출하고자 하였다. 가능한 경우 소주제마다 회귀분석을 통해 좀 더 분석적 결론을 확인할 수 있게 하였다.

제3장에서는 근로시간 측정방법 개선에 대해 다룬다. OECD의 연간근로시간 보고에 주되게 사용되는 자료는 사업체노동력조사로 알려져 있다. 하지만, 사업체를 통한 근로시간 조사는 급여 담당자가 실근로시간이 아닌 지불 근로시간을 보고하는 문제, 휴가가 제대로 반영되지 않는 문제 등 몇 가지 문제가 지적되어 왔다. 이 장에서는 OECD의 연간근로시간 측정 방식을 검토하면서 우리나라의 사업체 조사 개선점을 제안하고, 가구조사로 근로시간을 파악하는 경제활동인구조사를 통해 근로시간을 제대로 측정하기 위한 방법도 제안한다. 이를 위해 시험 조사를 설계하여 조사하고 분석한 결과도 함께 제시하였다.

제4장에서는 근로시간 제도 개선방안을 다룬다. 지난해의 근로시간 개혁이 좌초하긴 하였으나, 일할 때 집중해 일하고 쉴 때 충분히 쉴 수 있게 제도를 개편한다는 아이디어 자체는 장시간 근로 사회에서 벗어나고 있는 우리 사회가 향후의 근로시간 제도 개편 과정에서 지향해야 할 방향이라고 할 수 있다. 제2장의 분석은, 월~금 5일간 40시간 일하면서 초과근로를 최소화한다는 규격화된 발상이 현실 기업의 운영과 조응되기는 쉽지 않아, 유럽에서도 필요하면 때때로 주말이나 야간에 나오고 하루 10시간 이상 일하기도 하며 11시간 연속 휴식도 못 지키는 경우가 상당히 발생함을 보였다. 우리나라에서 이렇게 일하는 사람들은 장시간 근로에 시달리나 유럽에서는 상대적으로 그렇지 않아, 일이 몰릴 때 집중해 일하고 쉴 때 쉬는 유연한 시스템으로의 변경이 근로시간의 규격화 정도는 낮출 수 있으나 총량을 적게 만드는 것을 알 수 있었다. 이와 같은 제도 운영으로 변화하려면 어떤 제도 개혁 과제가 뒷받침되어야 하는지 제시한다.

제5장에서는 이상의 논의를 종합해 전체 내용을 요약하고 시사점을 정리한다. 제4장에서 다루어진 제도 개편 사항 외에도, 유연하게 근로시간이 조직되려면 기업 현장에서 근로시간 제도 설계와 운영에 대한 노사의 긴밀한 협의가 불가피하다. 이와 같이 제4장에서는 다루어지지 않은 제도 관련 시사점도 추가하여 보고서를 마무리 짓는다.

제 2 장
근로시간 실태 국제비교[3)]

제1절 개 요

1. 우리나라의 근로시간 추이

OECD 자료를 이용해 실근로시간 추이를 보면, OECD 국가들의 근로자 연평균 근로시간은 이미 1980년에 1,800시간 내외였으며, 1,700시간대로 본격 진입한 것은 2000년대 들어서로 나타난다. 선진산업국가 중 근로시간이 긴 것으로 알려진 일본은 2000년대 들어서 1,800시간대의 근로시간을 보이다가 2010년대 들어 1,700시간대로 줄었고, 2019년 이래로는 1,600시간대로 감소한 상태이다. OECD 평균보다 근로시간이 적어진 게 2010년대 초중반의 일이므로, 일본은 전체적으로 보면 더 이상 장시간 근로 국가라 말할 수 없을 것이다.

우리나라는 OECD에 근로자의 근로시간이 처음 보고된 2011년 2,119시

---

3) 본 연구를 수행하던 과정에서 이 장의 내용 중 일부는 2024년 7월 15일 한국노동연구원 · 한국개발연구원이 공동주최하고 고용노동부가 후원한 「인구구조 변화, 다가오는 AI시대의 새로운 노동 패러다임 모색」 토론회와, 2024년 9월 23일 한국노동연구원 · 서울대 국가미래전략원이 공동주최하고 고용노동부가 후원한 「인구구조 대전환, 일하는 방식의 미래에 대응한 근로시간 제도 개선」 토론회에서 미리 발표된 바 있다.

[그림 2-1] 근로자의 1인당 연간근로시간 추이

(단위 : 시간)

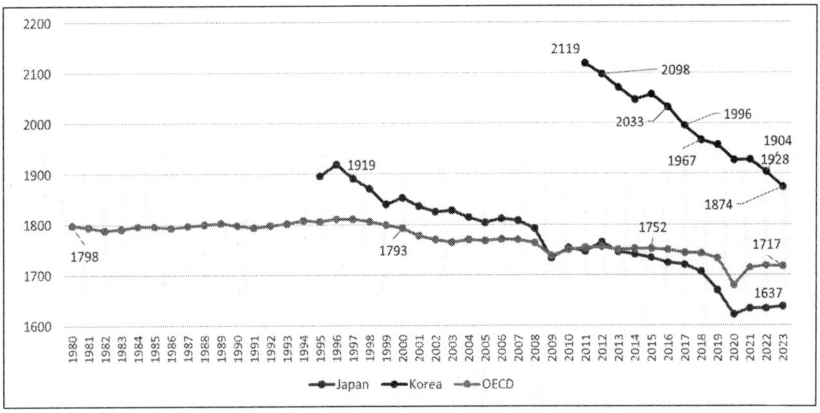

자료 : OECD Data Explorer. https://data-explorer.oecd.org/vis?lc=en&pg=0&snb=1&vw=tb&df[ds]=dsDisseminateFinalDMZ&df[id]=DSD_HW%40DF_AVG_ANN_HRS_WKD&df[ag]=OECD.ELS.SAE&df[vs]=&pd=1950%2C&dq=AUS%2BAUT%2BBEL%2BCAN%2BCHL%2BCOL%2BCRI%2BCZE%2BDNK%2BEST%2BFIN%2BFRA%2BDEU%2BGRC%2BHUN%2BISL%2BIRL%2BISR%2BITA%2BJPN%2BKOR%2BLVA%2BLTU%2BLUX%2BMEX%2BNLD%2BNZL%2BNOR%2BPOL%2BPRT%2BSVK%2BSVN%2BESP%2BSWE%2BCHE%2BTUR%2BGBR%2BUSA%2BOECD.......T%2BICSE93_1....&to[TIME_PERIOD]=false (최종 검색일 : 22024. 8. 17.)

간으로 매우 긴 근로시간을 보였으나, 2023년 현재는 1,874시간까지 245시간 줄어든 상태이다. 일본이 259시간이 줄어드는 데 1995년부터 2023년까지 28년 걸렸다는 점과 비교하면, 절반 정도밖에 안 되는 기간 동안 거의 비슷한 양의 시간이 줄어 매우 압축적이고 빠른 근로시간 감소가 있었다고 볼 수 있다.

빠른 근로시간 감소에도 불구하고 아직 우리나라는 OECD 국가들 중 근로시간이 긴 편에 속하며, 이스라엘, 미국 정도가 우리에 근접한 근로시간을 보이고 있다. OECD 평균은 우리보다 157시간 적은 1,717시간으로 나타나고 있다. 그럼에도 불구하고 2011년에 2,119시간 대 1,833시간으로 무려 286시간 차이 나던 미국과 불과 64시간 차이로 좁혀졌고, 2011년에는 1,939시간으로 우리보다 180시간 짧던 이스라엘보다 근로시간이 짧아진 것은 우리나라 근로시간 제도와 기업 관행이 단기간에 크게 변화한 결과 나타난 성과라 할 것이다.

[그림 2-2] OECD 국가들의 근로자 1인당 연간근로시간(2023년)

(단위 : 시간)

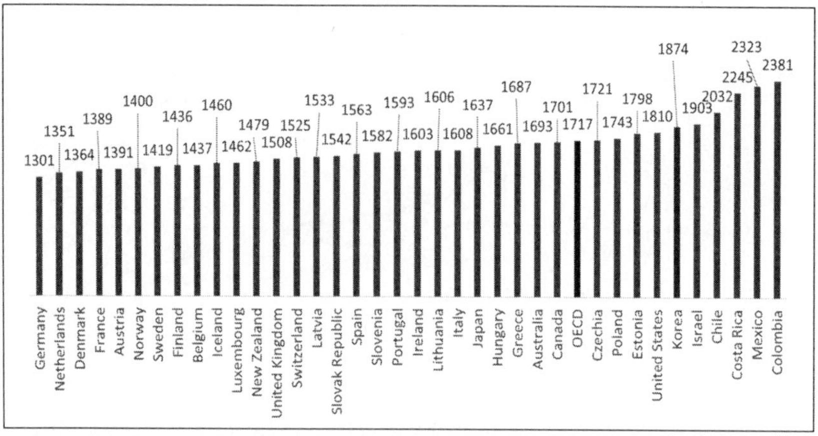

주 : 아이슬란드, 스위스, 헝가리, 호주, 이스라엘, 콜롬비아는 2022년 기준.
자료 : OECD Data Explorer. https://data-explorer.oecd.org/vis?lc=en&pg=0&snb=1&vw=tb&df[ds]=dsDisseminateFinalDMZ&df[id]=DSD_HW%40DF_AVG_ANN_HRS_WKD&df[ag]=OECD.ELS.SAE&df[vs]=&pd=1950%2C&dq=AUS%2BAUT%2BBEL%2BCAN%2BCHL%2BCOL%2BCRI%2BCZE%2BDNK%2BEST%2BFIN%2BFRA%2BDEU%2BGRC%2BHUN%2BISL%2BIRL%2BISR%2BITA%2BJPN%2BKOR%2BLVA%2BLTU%2BLUX%2BMEX%2BNLD%2BNZL%2BNOR%2BPOL%2BPRT%2BSVK%2BSVN%2BESP%2BSWE%2BCHE%2BTUR%2BGBR%2BUSA%2BOECD.......T%2BICSE93_1....&to[TIME_PERIOD]=false (최종 검색일 : 2024. 8. 17.)

단기간에 빠른 변화를 경험하다 보니 부작용도 있어 중소기업들은 52시간 상한제 이후 연장근로 유연화를 중요 과제로 정부에 매년 제안하고 있는 실정이다. 우리나라는 사업주의 어려움 증대 등을 우려해 기존 근로시간 제도를 5인 미만 영세 사업장에는 적용하고 있지 못한 실정이기도 하다. 그러나 아직까지 선진산업국가 중 가장 긴 근로시간을 보이고 있기 때문에, 근로시간을 더 줄이기 위한 방편으로 최근 들어 주4일제 주장도 동시에 나오고 있다.

2. 연구의 구성과 주요 분석자료

이 장의 목표는 근로시간의 다양한 차원에서 유럽 주요국과 우리나라의 차이를 분석하고 시사점을 도출하는 것이다. 이를 위해 제2절에서는 해외와 비교해 우리나라의 근로시간이 길게 나타나는 이유를 분석한다. 평소 근로시간, 연간근로시간, 시간제 규모 등 다양한 차원을 분석해 원인을 규명한다.

제3절에서는 주말, 야간 근로, 10시간 이상 근무, 교대제 등 특이 근로 차이를 분석하였다. 유럽 주요국들은 근로시간이 짧기 때문에 특이 근로 비중도 우리나라보다 크게 낮을 것을 예상할 수 있다. 또한, 우리나라 상황을 고려하면 특이 근로를 하는 사람들은 주말 아르바이트가 아닌 한 장시간 근로에 처해 있을 가능성도 높을 것이라 예상할 수 있다. 실제 그런지 분석할 것이다.

제4절에서는 유연근로도 분석하였다. 우리나라에서 저출산 문제 해결책 중 하나로 유연근로의 확산이 중요한 정책 과제로 떠오른 상태이다. 유연근로가 얼마나 활용되고 있는지에 주안점을 두고 살펴보면서 저출산과의 관련성 여부 등 정책적 관심 사항에 대한 분석도 포함하였다.

제5절에서는 쉬는 행태의 차이도 살펴보았다. 유럽노동력조사는 매주 연속조사를 통해 주별 일시휴직자 비중을 공표하고 있다. 일시 휴직은 휴가, 휴직, 병가, 무단 결근 등 일자리는 있으나 일하지 않은 상태를 의미한다. 보통 조사 주간 전체를 쉰 비중으로 측정된다. 일시 휴직자 비중을 분석하면 얼마나 휴가 사용이 활발한지 유추할 수 있다. 이를 통해 유럽 주요국과 우리나라의 쉼 관행이 얼마나 다른지 확인할 수 있다.

제6절에서는 이와 같은 분석을 통해 도출되는 시사점을 정리하면서 정책 방향을 제시하였다.

분석을 위해서 다양한 통계자료를 활용하였는데, 집계자료 측면에서는 EUROSTAT이 조사하는 유럽 노동력조사를 주로 활용하였으며, 원시자료 분석을 위해서는 유럽근로조건조사(European Working Condition Survey : 이하 EWCS)와 근로환경조사를 이용하였다. 근로시간의 다양한 측면에 대해 유로파운드(EUROFOUND)에서는 유럽근로조건조사를 통해 조사해 왔다. 이와 거의 동일한 설문지를 이용해 우리나라 고용노동부 산하 산업안전보건공단에서는 근로환경조사라는 이름의 조사를 수행하고 있다. 유사한 성격의 두 조사를 비교해 어떤 차이가 나타나는지 확인하고자 하였다.

앞서 본 것처럼 선진산업국가 대부분은 2010년 이래 근로시간의 변화가 거의 없다. EWCS는 코로나19로 인한 데이터 조사방식 변경 때문에 가장 최신 자료인 2020년 조사 결과를 그 이전과 비교 분석하는 것을 권장하지 않으며, 코로나 시기의 특수성 때문에 일상적인 시기와는 다른 특성을 보일 가능성도 높다. 따라서 여기서는 주로 EWCS 2015년 결과를 비교대상으로 삼아도 큰 문제가 없을 것으로 판단하여 이 자료를 기준으로 비교하였다. 그러나 우리나라는 최근으로 올수록 근로시간이 줄고 있으므로 가장 최근 자료를 기준으로 비교한다. 코로나19 이전에도 유럽은 유연근로가 크게 확산되어 있었으므로, 시점 차이가 있긴 하지만 유럽의 코로나 직전 일반적 모습과 우리나라의 최근 변화된 모습을 비교한다는 점에서 이와 같은 다른 시점 비교가 오히려 적절한 비교로 간주될 수 있을 것이다.

제2절 우리나라와 유럽 주요국의 근로시간 차이 실태와 원인

1. 법정근로시간이 주 40시간 미만인 나라는 극히 일부

법정 주당 근로시간을 40시간 미만으로 하는 나라는 프랑스 등 극히 일부 국가에 불과하나(그림 2-3 참조), 법보다는 단체협약의 역할이 큰 일부 북유럽 및 서유럽 국가들에서는 단체 교섭을 통해 업종별로 40시간보다 짧은 소정근로시간을 정하고 있다. [그림 2-4]를 보면 독일, 덴마크, 영국, 핀란드, 노르웨이, 벨기에, 이탈리아, 네덜란드, 키프로스, 체코, 스페인, 오스트리아, 아일랜드, 슬로베니아, 포르투갈, 룩셈부르크, 스웨덴 등의 교섭된 평균 주당 정규근로시간이 40시간보다 짧게 나타난다. 주당 근로시간이 정해져 있지 않은 키프로스, 영국뿐 아니라 독일, 덴마크, 아일랜드, 네덜란드도 모두 교섭된 평균 주당 근로시간은 40시간을 하회하였다.

선진산업국가들은 업무의 과다에 따라 근로시간을 변동할 수 있도록 하는 나라 · 업종 · 기업들이 상당하며, 육아 등 근로자의 필요에 따라 단축근로 등 유연근로를 활발히 활용하는 오랜 전통이 있다. 휴가 사용도 우리나

[그림 2-3] 국가별 주당 법정근로시간과 초과근로 포함 주당 최대 근로시간

(단위 : 시간)

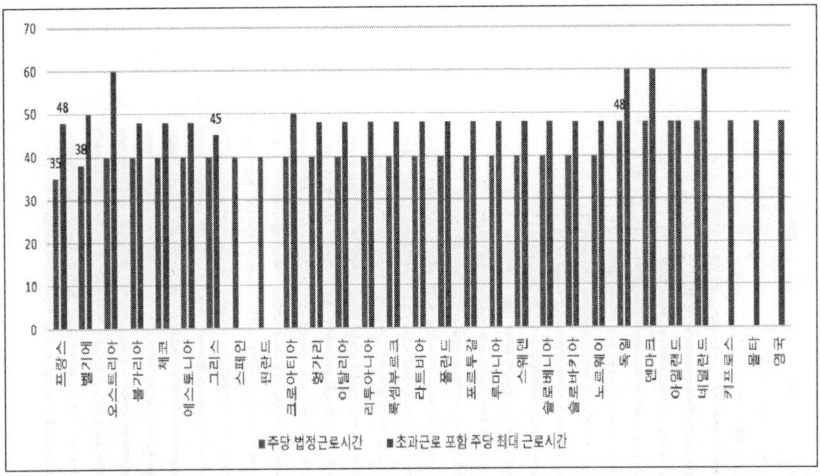

주 : 근로시간이 공란인 나라는 관련 규제가 없는 나라. 주당 법정근로시간은 해당 자료의 statutory provisions regarding maximum weekly working hours의 maximum weekly working hours, 초과근로 포함 주당 최대근로시간은 maximum weekly working hours, including overtimes를 인용. 독일의 법정 주당근로시간 48시간은 하루 8시간, 일요일만 의무휴일로만 규정됨을 감안해 도출한 수치. 덴마크는 초과근로 포함 평균 주당 48시간을 초과해선 안 된다는 규정만 있어 법정근로시간이 48시간으로 표기된 것임(평균 48시간 범위 안에서 최대 60시간 가능). 네덜란드도 유사한 맥락에서 48시간, 60시간이 표기된 것임(4주 기준 주당 평균 55시간, 16주 기준 주당 평균 48시간을 초과할 수 없음).

자료 : Eurofound(2021), Working time in 2019-2020, 표1을 재작성. 슬로베니아, 슬로바키아 통계는 European Commission(2023), Labour market and wage developments in Europe, 표3.A2.1에서 인용.

라와는 달리 연속 휴가 형태로 1주일을 초과해 사용하는 것이 관행이다. 이와 같은 차이들은 모두 짧은 근로시간으로 귀결될 수 있다.

이와 같은 제도와 관행 차이는 모두 통계상의 근로시간 차이로 귀결될 것이다. 이 절에서는 통계 원시자료를 활용해 특히 EU 15개국의 근로시간과 우리나라의 근로시간 실태 차이를 분석해 시사점을 얻고자 한다. EU 15개국에는 네덜란드, 독일, 룩셈부르크, 벨기에, 이탈리아, 프랑스, 덴마크, 아일랜드, 영국, 그리스, 스페인, 포르투갈, 스웨덴, 오스트리아, 핀란드가 속하는데, 대부분의 유럽 선진산업국가들이 망라되어 있고, 이후 유럽연합 확대 과정에서는 주로 동유럽 국가들이 포함되기 때문에 비교대상을 EU 15개

[그림 2-4] 2020년 집단적으로 교섭된 평균 정규 주당 근로시간(Average collectively agreed normal weekly working time, 2020)

(단위 : 시간)

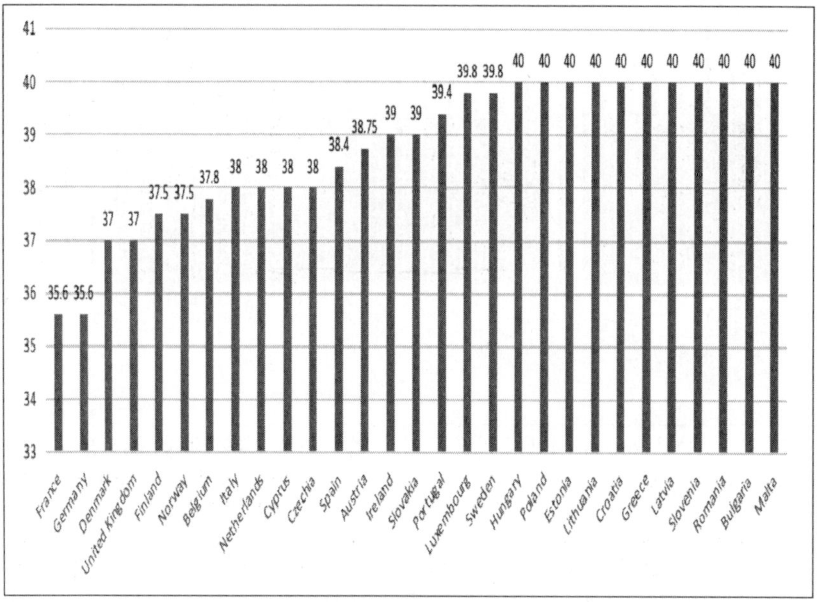

주 : 각 나라의 주요 업종 교섭결과의 평균으로 국가별 대푯값이 아님에 유의.
자료 : Eurofound(2021), Working time in 2019-2020, 표2를 재작성.

국으로 제한하였다. 비교 자료로는 주로 EWCS 2015년 자료와 우리나라 근로환경조사 2023년 자료를 이용하였다.

2. 기초통계로 본 장시간 근로의 원인

전체적으로 보면 우리나라는 2023년 근로시간이 38.1시간인데 EU15개국은 35.2시간으로 2.9시간 짧게 나타난다. 그런데 큰 차이는 근로시간이 짧은 쪽에서 주로 나타난다. 근로시간 길이에 따라 줄세워 10등분을 했을 때 가장 낮은 1분위 근로시간은 양 지역이 모두 20시간으로 같게 나타나지만, 2분위 근로시간은 11시간이나 차이가 있고, 3분위는 6시간 차이가 있다. 6, 7분위는 40시간으로 같게 나타나지만, 8분위는 5시간 차이, 9분위는 3시간, 그리고 9.5분위(상위 5%)는 2시간 차이가 있는 것으로 나타났다.

〈표 2-1〉 주당 평소 근로시간 평균 및 분위별 차이

(단위 : 시간)

평균과 분위	남성(64세 이하)			여성(64세 이하)			전체(전연령)		
	EU 15	우리나라	차이	EU 15	우리나라	차이	EU 15	우리나라	차이
평균	38.6	41.3	2.7	32.4	37.6	5.2	35.2	38.1	2.9
1분위	25	40	15	17	20	3	20	20	0
2분위	36	40	4	20	35	15	25	36	11
3분위	38	40	2	28	40	12	34	40	6
4분위	39	40	1	32	40	8	37	40	3
5분위	40	40	0	36	40	4	38	40	2
6분위	40	40	0	38	40	2	40	40	0
7분위	40	44	4	40	40	0	40	40	0
8분위	44	48	4	40	42	2	40	45	5
9분위	50	50	0	42	48	6	45	48	3
9.5분위	52	52	0	48	50	2	50	52	2

주 : 평소(usually) 일하는 근로시간 기준.
자료 : 우리나라 산업안전보건공단 근로환경조사(7차, 2023년), 유럽 EUROFOUND, EWCS(2015년).

성별로 봐도 큰 차이는 근로시간이 짧은 쪽에서 나타난다. 남성은 1분위에서 15시간 차이가 나타나며, 9분위나 9.5분위는 같게 나타났다. 여성은 2분위에서 15시간, 3분위에서 12시간이나 차이가 난 반면, 9.5분위는 2시간, 9분위는 6시간 차이가 나타났다.

이를 보면 평균 근로시간에서의 차이는 상당부분 근로시간이 짧은 쪽에서 나타나고 있을 것으로 짐작할 수 있다. 우리나라에선 절반가량이 40시간 일하는 반면, 유럽연합 15개국의 경우 40시간 일하는 사람들은 30% 정도에 불과하기 때문에 나타나는 차이이다. 일부 국가와 일부 업종에서 주 40시간 밑으로 주당 정규 근로시간을 설정하는 것도 영향이 있을 것이나, 유럽의 활발한 단축근로, 높은 시간제 비중 등 유연성이 우리나라보다 월등하게 높은 것이 중요한 역할을 했을 것으로 보인다.

〈표 2-2〉는 평소 근로시간 기준 EU 15개국 2015년과 우리나라 2023년을 비교한 결과이다. 우리나라는 40시간에 절반이 넘는 53.1%가 분포한다.

〈표 2-2〉 국가별 평소 근로시간의 분포 : 전체 근로자

(단위 : %)

	벨기에	덴마크	독일	그리스	스페인	프랑스	아일랜드	이탈리아
15시간 미만	3.2	9.6	9.2	3.9	6.0	4.2	5.9	6.0
15~24시간	15.8	4.2	13.8	10.4	11.8	8.4	18.9	14.7
25~31시간	9.6	7.6	12.3	9.3	9.4	7.8	10.2	11.8
32시간	5.0	3.5	0.7	1.3	0.4	1.7	1.1	0.9
33시간	0.6	1.0	0.1	0.3	0.3	0.7	0.4	0.0
34시간	0.5	1.0	0.2	0.0	0.2	0.7	0.6	0.0
35시간	2.0	2.4	4.4	3.6	7.4	27.1	3.7	1.6
36시간	4.0	0.6	2.0	1.1	1.1	2.6	1.7	14.0
37시간	2.7	37.5	1.8	0.0	4.6	4.9	5.6	0.9
38시간	26.1	1.9	10.5	0.2	1.6	3.9	2.7	3.1
39시간	2.4	1.6	4.0	0.0	0.7	8.6	15.2	0.3
40시간	16.1	10.3	30.9	37.3	40.4	12.5	16.3	32.5
41~48시간	6.1	12.8	6.3	15.0	7.5	10.0	8.7	8.9
49~52시간	2.7	3.1	2.7	8.7	4.6	3.8	4.9	3.4
53시간 이상	3.2	2.9	1.1	9.0	4.0	3.3	4.3	1.9
계	100.0	100.0	100.0	100.0	100.0	100.0	100.0	100.0
	룩셈부르크	네덜란드	오스트리아	포르투갈	핀란드	스웨덴	영국	우리나라
15시간 미만	2.5	12.5	6.0	4.1	4.3	3.0	5.5	7.5
15~24시간	13.2	20.1	15.3	4.5	6.3	7.5	15.0	5.4
25~31시간	7.5	9.6	11.9	3.5	5.4	6.7	8.9	5.0
32시간	1.1	10.5	0.6	0.6	1.0	2.4	1.4	0.5
33시간	0.2	0.0	0.4	0.0	0.4	0.7	1.0	0.1
34시간	0.3	0.7	0.2	0.1	0.1	1.1	0.7	0.0
35시간	1.2	0.8	2.0	9.8	3.3	3.4	4.2	1.1
36시간	1.1	9.9	0.5	0.6	2.8	2.5	2.1	0.8
37시간	0.5	0.9	0.5	0.7	8.4	3.0	11.1	0.0
38시간	0.8	5.6	13.0	1.4	26.8	4.5	4.9	0.2
39시간	0.7	0.5	4.8	0.1	1.2	0.9	3.1	0.0
40시간	55.4	18.2	31.5	57.3	26.9	41.8	15.9	53.1
41~48시간	9.3	4.1	7.2	11.4	7.3	14.2	13.9	17.0
49~52시간	3.5	4.1	4.6	3.1	3.3	5.7	6.0	5.6
53시간 이상	2.7	2.5	1.8	2.7	2.6	2.8	6.4	3.7
계	100.0	100.0	100.0	100.0	100.0	100.0	100.0	100.0

자료 : 유럽 15개국은 EWCS 2015년 기준, 우리나라는 근로환경조사 2023년 기준.

EU 15개국 중 우리나라처럼 40시간에 절반 이상이 몰리는 나라는 룩셈부르크, 포르투갈에 불과하며, 전일제 비중이 높은 스웨덴이 41.8%, 스페인 40.4% 순으로 나타났다.

업종 교섭에 근로시간의 세부사항이 위임되어 있는 나라들은 대부분 40시간에 근로자의 일부만이 분포하는 경향이 있다. 이를테면, 덴마크는 법정근로시간이 우리나라처럼 40시간으로 정해져 있지 않고, 교섭에서 근로시간을 결정하는 특성이 있으며, 이들 교섭이 대체로 37시간 정도로 정하는 관계로 40시간에는 10%만 있고, 37시간에 가장 많은 37.5%가 분포했다.

프랑스는 주당 근로시간이 35시간인 나라지만, 40시간을 초과해 일하는 근로자 비중이 17.1%나 되는 것으로 나타난다. 법정근로시간은 유럽에서 가장 짧지만, 40시간 초과 근로자 비중 면에서는 EU 15개국 중 중간권에 속한다고 볼 수 있다. 덴마크도 37시간에 가장 많은 근로자가 분포하지만, 40시간 초과 근로자 비중은 EU 15개국 중 12위인 18.8%로 나타난다.

스웨덴은 40시간을 초과해 일하는 비중이 22.7%로 그리스(32.7%), 영국(26.3%) 다음으로 40시간 초과자 비중이 높은 나라이다. 우리나라(26.3%)는 영국과 같은 수준을 보였다.

32시간 미만 일하는 사람들의 비중도 국가별로 편차가 크다. 가족돌봄 영향으로 여성이 시간제로 일하는 경향이 강한 나라는 32시간 미만 근로자 비중이 높게 나타난다.

남성에 국한해 보면 우리나라는 40시간 초과자 비중이 영국보다 낮게 나타난다. 그리스(36.9%)>영국(36.0%)>우리나라(32.3%)>아일랜드(29.5%)>스웨덴(28.4%)>덴마크(24.6%)>포르투갈(23.4%) 순으로 높게 나타났다. 독일(14.8%)은 40시간 초과자 비중이 가장 낮으며 벨기에(18.0%)와 핀란드(18.0%) 순이다.

여성 근로자 중 32시간 미만 일하는 비중은 네덜란드(64.2%), 독일(54.7%), 오스트리아(51.1%), 아일랜드(48.3%), 이탈리아(48.0%), 영국(45.4%), 벨기에(42.8%) 순으로 나타났다. 우리나라는 26.3%로 프랑스나 덴마크와 비슷한 수준을 보였다.

여성 근로자 중 40시간을 초과해 일하는 비중은 그리스(27.5%), 스웨덴(17.3%), 영국(15.7%), 프랑스(13.9%), 덴마크(13.0%), 포르투갈(12.9%) 순으

〈표 2-3〉 국가별 평소 근로시간의 분포 : 남성 근로자

(단위 : %)

	벨기에	덴마크	독일	그리스	스페인	프랑스	아일랜드	이탈리아
15시간 미만	2.5	8.5	6.7	4.6	4.1	1.9	2.7	3.6
15~24시간	7.0	4.1	5.1	9.2	6.8	5.0	11.5	5.5
25~31시간	3.9	3.4	3.6	6.3	5.7	3.0	5.1	5.8
32시간	2.6	0.9	0.7	0.9	0.2	0.5	0.0	1.0
33시간	0.2	0.6	0.0	0.3	0.2	0.3	0.3	0.0
34시간	0.3	0.0	0.1	0.0	0.1	0.5	0.0	0.0
35시간	1.7	1.5	4.3	3.5	6.9	28.2	4.5	1.9
36시간	4.9	0.6	1.7	0.6	0.9	3.1	1.6	13.0
37시간	3.3	40.3	2.1	0.0	5.0	5.3	5.3	1.0
38시간	30.9	1.7	12.9	0.0	1.5	4.9	2.7	4.3
39시간	3.1	1.7	4.8	0.0	0.8	11.6	17.3	0.5
40시간	21.7	12.2	43.4	37.8	46.2	14.9	19.5	42.5
41~48시간	8.2	16.2	8.3	15.3	10.1	11.9	13.3	13.2
49~52시간	4.2	4.3	4.7	10.4	6.5	5.3	8.5	5.8
53시간 이상	5.6	4.1	1.8	11.2	5.2	3.8	7.7	2.2
계	100.0	100.0	100.0	100.0	100.0	100.0	100.0	100.0
	룩셈부르크	네덜란드	오스트리아	포르투갈	핀란드	스웨덴	영국	우리나라
15시간 미만	1.4	8.3	3.2	3.8	3.4	3.1	3.0	5.1
15~24시간	3.8	7.1	2.7	3.8	4.9	6.3	6.9	3.2
25~31시간	2.5	3.8	4.5	2.4	3.4	3.8	4.4	2.5
32시간	0.0	7.1	0.3	0.7	0.9	1.6	0.9	0.6
33시간	0.0	0.0	0.0	0.0	0.3	0.7	0.4	0.0
34시간	0.2	0.5	0.0	0.0	0.0	0.2	0.4	0.0
35시간	0.7	1.0	0.5	5.5	3.1	2.5	4.3	0.7
36시간	0.7	11.2	0.3	0.3	2.3	2.9	2.0	0.4
37시간	0.2	1.0	1.1	0.0	6.0	2.5	11.6	0.0
38시간	0.2	9.3	17.6	1.7	17.7	4.7	5.3	0.1
39시간	1.1	0.7	6.1	0.0	0.6	0.7	4.6	0.0
40시간	68.9	30.0	42.6	58.4	39.4	42.7	20.2	55.1
41~48시간	10.8	8.1	11.4	15.5	9.1	17.0	18.0	19.6
49~52시간	5.4	7.1	7.5	3.1	6.0	6.5	9.3	7.6
53시간 이상	4.1	4.8	2.4	4.8	2.9	4.9	8.7	5.1
계	100.0	100.0	100.0	100.0	100.0	100.0	100.0	100.0

자료 : 유럽 15개국은 EWCS 2015년 기준, 우리나라는 근로환경조사 2023년 기준.

〈표 2-4〉 국가별 평소 근로시간의 분포: 여성 근로자

(단위 : %)

	벨기에	덴마크	독일	그리스	스페인	프랑스	아일랜드	이탈리아
15시간 미만	3.8	10.6	11.6	3.1	7.8	6.3	8.5	8.2
15~24시간	24.0	4.3	22.2	11.8	16.5	11.3	25.2	22.8
25~31시간	15.0	11.9	20.9	12.9	12.9	12.0	14.6	17.0
32시간	7.3	6.3	0.7	1.7	0.7	2.7	2.0	0.8
33시간	0.9	1.3	0.2	0.4	0.4	1.1	0.5	0.0
34시간	0.7	2.0	0.3	0.0	0.3	0.8	1.1	0.0
35시간	2.2	3.3	4.6	3.8	7.8	26.2	2.9	1.3
36시간	3.1	0.7	2.3	1.7	1.4	2.0	1.8	14.9
37시간	2.2	34.6	1.5	0.0	4.3	4.5	5.8	0.8
38시간	21.7	2.2	8.2	0.4	1.7	3.0	2.7	2.1
39시간	1.7	1.5	3.2	0.0	0.6	6.0	13.5	0.2
40시간	11.0	8.4	18.8	36.8	35.0	10.4	13.7	23.9
41~48시간	4.2	9.3	4.4	14.6	5.0	8.5	4.5	5.2
49~52시간	1.4	2.0	0.7	6.6	2.8	2.5	1.8	1.3
53시간 이상	1.0	1.7	0.4	6.3	2.9	2.9	1.4	1.7
계	100.0	100.0	100.0	100.0	100.0	100.0	100.0	100.0
	룩셈부르크	네덜란드	오스트리아	포르투갈	핀란드	스웨덴	영국	우리나라
15시간 미만	3.6	16.5	8.2	4.3	5.1	2.8	8.1	10.4
15~24시간	22.5	32.6	25.2	5.0	7.4	8.8	23.6	8.0
25~31시간	12.5	15.1	17.7	4.3	6.9	9.4	13.7	7.9
32시간	2.2	13.8	0.8	0.5	1.2	3.2	2.0	0.3
33시간	0.5	0.0	0.6	0.0	0.5	0.6	1.5	0.1
34시간	0.5	0.9	0.4	0.2	0.2	1.9	1.1	0.1
35시간	1.8	0.7	3.2	12.7	3.5	4.3	4.1	1.5
36시간	1.6	8.7	0.6	0.7	3.2	2.1	2.1	1.4
37시간	0.7	0.9	0.0	1.2	10.4	3.4	10.7	0.1
38시간	1.3	2.1	9.5	1.2	34.2	4.3	4.4	0.2
39시간	0.2	0.2	3.8	0.2	1.6	1.1	1.5	0.0
40시간	42.1	6.9	22.7	56.6	16.6	40.8	11.4	50.8
41~48시간	7.8	0.2	3.8	8.6	5.8	11.5	9.5	13.9
49~52시간	1.6	1.2	2.3	3.1	1.2	4.9	2.4	3.2
53시간 이상	1.3	0.2	1.3	1.2	2.3	0.9	3.8	2.2
계	100.0	100.0	100.0	100.0	100.0	100.0	100.0	100.0

자료 : 유럽 15개국은 EWCS 2015년 기준, 우리나라는 근로환경조사 2023년 기준.

로 높게 나타난다. 우리나라는 19.3%로 스웨덴보다 약간 높은 수준이다. 근로시간이 짧을 것으로 생각되는 북유럽국가들과 35시간제인 프랑스에서 40시간을 초과해 일하는 비중이 상당하게 나타난다.

우리나라는 65세 이상을 제외하면 15시간 미만 비중은 4.8%로 바뀐다. 노인 공공일자리 사업의 영향이 큰 것으로 보인다.

3. 제도와 근로시간의 관계

앞서 본 바와 같이 40시간 초과해 일하는 근로자 비중이 우리나라와 비슷한 영국은 평균에서 보면 2.4시간이 짧게 나타난다(그림 2-5 참조). 영국은 주 40시간 일하는 사람이 15.9%밖에 되지 않는다. 대신 32시간 미만 일하는 비중은 우리나라보다 11%p 이상 높아 32시간 미만 일하는 비중이 EU 15개국 중 6위로 나타난다. 이와 같이 짧은 시간 일하는 사람들의 비중이 높기 때문에 주당 평소 근로시간이 우리보다 짧게 나타나는 것이다.

독일이나 네덜란드는 32시간 미만 일하는 비중이 월등히 높다. 독일은 그

[그림 2-5] 평균 주당 평소 근로시간 : 전체 근로자

(단위 : 시간)

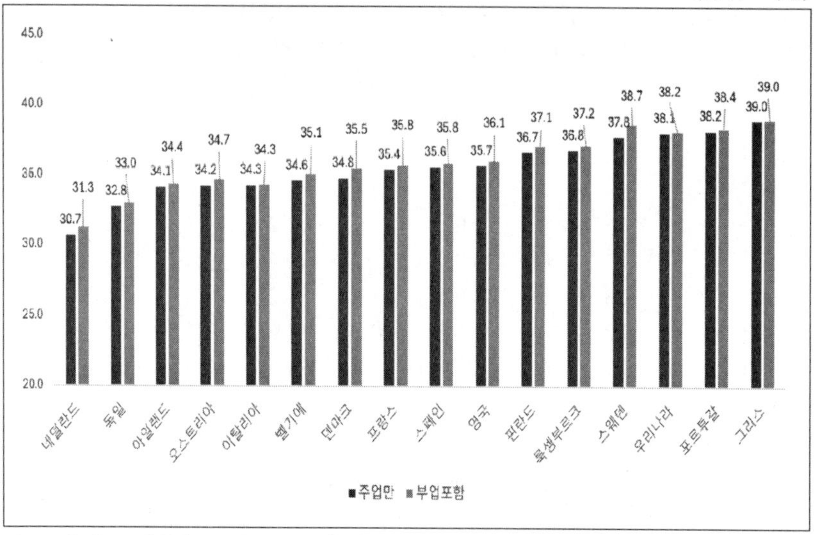

자료 : 유럽 15개국은 EWCS 2015년 기준, 우리나라는 근로환경조사 2023년 기준.

래도 40시간 일하는 근로자 비중이 30.9%에 달하지만, 네덜란드는 이마저도 18.2%에 불과하다. 이와 같은 노동시장 구조 차이가 가장 짧은 평소 주당 근로시간을 결과했다고 볼 수 있다.

대체로 32시간 미만 일하는 비중이 높은 나라들의 평소 주당 근로시간이 낮게 나타난다. 네덜란드>독일>아일랜드>오스트리아>이탈리아>영국>벨기에>스페인 순으로 32시간 미만 일하는 비중이 높은데, 평소 주당 근로시간 순위도 네덜란드>독일>아일랜드>오스트리아>이탈리아>벨기에 순으로 나타난다. 영국은 장시간 근로 비중이 높은 관계로 덴마크, 프랑스, 스페인보다 긴 근로시간을 보이는 정도의 차이가 있을 뿐이다.

이를 보면, 법정근로시간이 가장 짧은 프랑스나 단체협상으로 비교적 짧은 근로시간을 구현한 영국, 덴마크보다 다른 나라들의 근로시간이 더 짧은 것을 알 수 있다. 제도와 근로시간 간의 관계는 단선적이지 않음을 보여주는 것이다.

간단히 회귀분석을 해보면, 표준화 회귀계수 절대값 기준으로 볼 때 평소

〈표 2-5〉 평소 주당 근로시간에 대한 설명변수들의 영향력

	모형1			모형2			모형3		
	계수	P값	표준화 베타	계수	P값	표준화 베타	계수	P값	표준화 베타
30시간 미만 근로 비중	-0.238	0.000	-0.777	-0.245	0.000	-0.800	-0.270	0.000	-0.879
시간제의 근로시간	0.051	0.355	0.039	0.051	0.364	0.039	0.111	0.122	0.085
전일제의 근로시간	0.590	0.001	0.222	0.659	0.000	0.248	-	-	-
집단적으로 교섭된 근로시간	0.132	0.153	0.073	-	-	-	0.243	0.044	0.133
상수항	10.22	0.090		12.66	0.037		28.50	0.000	

자료 : 유럽 노동력조사 2023년 자료를 이용해 평소 주당 근로시간, 30시간 미만 근로 비중, 시간제의 근로시간, 전일제의 근로시간을 국가 수준에서 회귀분석한 결과. 집단적으로 교섭된 근로시간은 Eurofound(2021), Working time in 2019-2020의 자료를 이용하였음.

주당 근로시간에 대한 영향력은 30시간 미만 근로자 비중이 압도적이며, 전일제의 근로시간이 평소 주당 근로시간에 대해 갖는 영향력은 30시간 미만 근로자 비중이 갖는 영향력의 30% 수준에 불과하다고 할 수 있다. 법 또는 교섭된 근로시간이 갖는 영향력은 30시간 미만 근로자 비중이 갖는 영향력의 15% 수준에 불과하게 나타난다.

이상의 분석을 정리하면, 우리나라가 더 근로시간을 짧게 하려면 근로시간의 형태가 다양해지는 것이 필요하다는 함의를 준다. 따라서 표준 근로시간 형태에서 벗어난 다양한 근로시간 형태의 일상화가 필요한 시점이며, 이를 달성하기 위해 단축근로와 시간제 근로를 포함한 유연근로의 일상화를 위한 노력이 가장 중요한 시대적 과제로 부상했다고 할 수 있겠다.

4. 업종별 · 직업별로 본 근로시간 분포 차이

다음으로 평소 근로시간의 유럽과 우리나라 간 직업별 근로시간, 업종별 근로시간 분포 차이를 보았다. 음수값은 유럽이 많다, 양수값은 우리가 많다를 의미한다.

유럽은 근로자 중 관리자 비중이 높은데, 우리나라보다 49시간 이상 근로 비중이 크게 높게 나타난다. 앞서 본 것처럼 전체적으로 보면 40시간 근로하는 비중이 우리나라가 24.4%p 높게 나타나지만, 관리자는 무려 52.5%p, 사무직은 44.5%p, 전문가는 36.7%p나 높게 나타나고, 건설현장 및 제조업의 현장직 기술자가 주로 포함되는 기능원과 가장 숙련 수준이 낮은 단순노무직은 유럽과 40시간 근로하는 비중의 차이가 5%p 안쪽으로 차이가 크지 않게 나타났다.

직업별로 보면 관리자는 유럽 15개국이 39시간 이하 비중도 높지만(29.4%p 더 높게 나타남), 40시간 초과 비중도 24.2%p 더 높게 나타나며, 52시간 초과 근로 비중도 12%p나 우리나라보다 높게 나타났다.

전문가와 사무직은 32시간 미만 일하는 비중도 유럽이 우리나라보다 크게 높게 나타나는 특징이 있고, 기능원, 단순노무직은 우리나라와 차이가 없었다.

대부분의 직업군에서 32~39시간 일하는 비중은 유럽이 우리나라보다 높은 가운데, 41~48시간 일하는 비중은 기능원과 조립원에서 특히 우리나라가 높게 나타났다.

유럽 15개국 근로자는 절반이 관리자, 전문가, 사무직에 분포하며, 우리나라도 48% 정도가 이들 직업군에 분포한다. 직업분류가 달라 전문가와 사무직 비중을 직접 비교할 수는 없다. 다만, 관리직 규모가 우리나라는 1%도 되지 않는 반면 유럽 15개국은 약 5% 수준에 달하는 것으로 나타나는데, 직무가 조직되는 방식의 차이를 반영하는 것으로 보인다. 관리직의 49시간 이상 근로하는 비중에서 상당한 차이를 보이는데, 직업분포 차이까지 고려하면 유럽 15개국에서 장시간 근로하는 사람들 중 관리자가 상당하다고 볼 수 있을 것이다. 각 국가들마다 (고소득이면서) 책임과 성과에 기초해 독립적으로 일할 수 있는 사람들에 대한 다양한 근로시간 예외제도를 마련하는 경향이 있는데, 이런 제도적 유연성의 반영이 아닐까 생각된다.[4)]

〈표 2-6〉 우리나라-유럽 간 직업별 근로시간의 비중 차이 및 근로자의 직업별 분포

(단위 : %p)

	관리자	전문가 (준전문가)	사무직	서비스직	농림어업	기능원	조립원	단순노무직	전체
32시간 미만	-7.6	-14.7	-23.4	-6.2	-2.3	0.6	-6.0	0.0	-9.4
32~39시간	-21.8	-30.2	-32.8	-18.9	-16.4	-22.3	-26.7	-16.5	-25.0
40시간	52.5	36.7	44.5	11.2	14.2	-4.5	18.2	5.0	24.4
41~48시간	0.5	7.8	9.2	9.0	6.8	16.3	13.7	4.4	8.0
49~52시간	-11.7	1.3	1.8	2.3	0	6.3	2.6	3.7	1.6
52시간 초과	-12.0	-0.9	0.8	2.6	-2.3	3.6	-1.9	3.4	0.4
유럽 15개국 근로자 중 직업분포	4.9	33.3	11.7	21.6	1.1	9.4	6.4	11.6	100.0
우리나라 근로자 중 직업분포	0.7	25.7	21.6	17.5	0.3	7.3	10.4	16.5	100.0

자료 : 유럽 15개국은 EWCS 2015년 기준, 우리나라는 근로환경조사 2023년 기준.

4) 이를테면, 스웨덴에는 Förtroendearbetstid, 프랑스에는 forfait-jours, 영국에는 근로시간 상한선 옵트아웃제도, 독일에는 Vertrauensarbeitszeit 같은 제도들이 유연성을 가진 제도로 알려져 있다.

〈표 2-7〉 우리나라-유럽 간 업종별 근로시간의 비중 차이

(단위 : %p)

	농림어업	광공업	전기가스	건설업	도소매	숙박음식	운수창고	금융보험	부동산임대
32시간 미만	13.5	-7	-3.9	-1	-14.8	4.3	-8.2	-12.4	-11.6
32~39시간	-8.5	-27.9	-35.5	-17.1	-20.1	-8.6	-25.8	-30.8	-28.2
40시간	-7.8	24.9	31.1	4.9	18	-3.3	23.9	44.4	24.9
41~48시간	10.7	10.2	10.7	10.9	11.2	5.4	4.8	4.1	4.6
49~52시간	-4.3	0.6	-1.2	2.8	2.5	0.2	4.1	-3.5	4.8
52시간 초과	-3.6	-0.7	-1.1	-0.5	3.3	2.1	1.1	-1.8	5.5

	전문과학	사업시설	공공행정	교육	보건복지	스포츠예술여가	기타서비스	전체
32시간 미만	-18.1	-19.3	25.6	-18.5	-0.8	-17.1	-23.1	-9.4
32~39시간	-23.4	-17.8	-42.1	-22.7	-34.5	-23.8	-19.2	-25
40시간	36.1	21.0	19.2	41.4	25.9	25.9	13.6	24.5
41~48시간	7	8.5	-2.4	1.5	9.2	14.1	21.3	8
49~52시간	0.4	4.6	-0.1	-0.2	1.1	0.2	2.4	1.5
52시간 초과	-2.0	2.8	-0.2	-1.5	-0.8	0.7	5.0	0.4

자료 : 유럽 15개국은 EWCS 2015년 기준, 우리나라는 근로환경조사 2023년 기준.

업종별로 보면 광공업은 유럽 15개국과 우리나라의 평균적인 근로시간 분포 차이를 잘 보여주는 업종이라 할 수 있다. 반면, 숙박음식점업은 우리나라 숙박음식점업과 거의 동일한 근로시간 분포를 보이는 것으로 나타났다. 공공행정은 우리나라의 32시간 미만 비중이 높게 나타나지만 이는 재정지원 일자리 때문이다. 40시간 일하는 비중에서 EU 15개국과 우리나라의 차이를 가장 극명하게 보여주는 업종은 금융보험업이다. 금융보험업에서 초과 근로 없이 40시간 일하는 비중은 우리나라가 유럽보다 무려 44.4%p나 높은 반면, 단체협약에 의한 근로시간 차이로 32~39시간 일하는 비중은 유럽이 30.8%p 높고, 49시간 이상 일하는 비중도 5%p가량 유럽이 높은 차이가 있었다. 52시간 초과 기준으로 보면, 금융보험 외에도 전문과학기술서비스업, 농림어업, 전기가스수도, 교육서비스업에서 유럽이 우리나라보다

높게 나타났다.

32시간 미만 일하는 비중은 기타 개인서비스업이 포함된 기타서비스, 사업지원, 사업시설관리업, 전문과학, 교육, 도소매, 금융보험업 등에서 유럽이 특히 크게 나타났다.

5. 분해방법으로 본 장시간 근로의 원인

단시간 근로자 규모 차이가 중요하다는 기초통계 분석결과에 좀 더 분석적 결론을 더하기 위해 EU 15개국과 우리나라의 평소 주당 근로시간 차이를 오아카(OAXACA) 분해하였다. 요인별 설명된 격차크기에 표기된 변수들이 분석을 위해 이용한 설명변수들이다.

〈표 2-8〉의 "차이"는 유럽 15개국에 비해 우리나라 평소 주당 근로시간이 3.386시간 더 길다는 것을 보여주며, "분포차이로 설명된 부분"이란 우리나라와 유럽 간 업종분포 차이 같은 것이 평균 근로시간 차이에서 차지하는 크기라 볼 수 있다. 분석 결과에 따르면 설명된 부분은 3.38시간 차이 중 1.6시간을 차지하므로 절반에 약간 못 미치는 만큼을 설명한다 볼 수 있다. 설명되지 않는 부분은 3.38-1.6=1.77시간에 해당된다. 이 부분은 보다 더 일시키는 경향 또는 보다 더 일하려는 성향과 관련이 있다고 볼 수 있다.

전체적으로 보면 업종이나 직종, 연령, 규모, 근속 등의 분포 차이는 중요한 설명력을 보이지 못한다. 음수는 우리나라의 근로시간을 길게 만드는 요인이라는 의미이고, 양수는 우리나라의 근로시간을 유럽에 비해 짧게 만드는 요인이라는 의미이다.

양 지역 간 평소 근로시간 차이를 설명하는 가장 강력한 요인은 시간제의 비중 차이이다. 계수크기로 보면 -2.1시간이나 양 지역 간 차이를 설명하여 전체 차이의 62%에 해당된다. 달리 말해, 유럽 15개국과 우리나라 근로시간 차이의 약 62%를 양 지역의 시간제 비중 차이로 설명할 잠재력이 있다는 의미이다. 전일제이면서 주당 32시간 미만 근로도 포함하면 -2.6시간이나 설명할 수 있어 76%를 설명할 수 있게 된다.

이 결과는 보다 분석적으로 다양한 요인들을 통제하더라도 시간제 수준으로 짧게 일하는 사람들의 규모 차이가 우리나라와 유럽 15개국 평소 근로시간 차이의 상당부분을 설명할 수 있음을 보여준다. 앞서 기초통계로 확인한 결과가 상당히 의미 있는 것임을 확인할 수 있다.

〈표 2-8〉 EU 15개국과 우리나라 평소 근로시간 평균 차이 OAXACA 분해 결과

전 체	계수	표준오차	P값
EU 15개국 근로시간	35.843	0.064	0.000
우리나라 근로시간	39.229	0.098	0.000
차이	-3.386	0.117	0.000
분포차이로 설명된 부분	-1.611	0.189	0.000
분포차이로 설명되지 않는 부분	-1.774	0.200	0.000
요인별 설명된 격차 크기			
연령	-1.257	0.104	0.000
연령제곱	1.670	0.121	0.000
여성	-0.074	0.010	0.000
고등학교	-0.131	0.044	0.003
전문대	0.300	0.033	0.000
대학교 이상	0.132	0.019	0.000
관리자	-0.093	0.030	0.002
전문가	-0.060	0.036	0.097
사무직	0.232	0.062	0.000
서비스 판매 근로자	0.019	0.029	0.514
기능원	0.002	0.014	0.873
조립원	0.030	0.025	0.230
단순노무	0.009	0.019	0.636
2~9인	-0.099	0.127	0.437
10~249인	0.196	0.275	0.476
250인 이상	-0.398	0.426	0.350
근속연수	0.167	0.033	0.000
광공업	0.103	0.065	0.110
전기가스증기공기조절수도하수폐기물 처리	-0.006	0.004	0.126
건설업	0.011	0.018	0.526
도소매업	-0.005	0.035	0.885

〈표 2-8〉의 계속

전 체	계수	표준오차	P값
숙박음식	0.014	0.009	0.114
운수창고정보통신	0.003	0.008	0.694
금융보험	0.005	0.004	0.261
부동산임대	-0.014	0.010	0.141
전문과학기술	0.038	0.023	0.095
사업시설지원	0.010	0.008	0.217
공공행정	-0.067	0.020	0.001
교육	-0.047	0.024	0.055
보건복지	-0.014	0.010	0.159
스포츠예술여가	0.001	0.002	0.561
기타서비스	0.000	0.002	0.963
가구내	0.019	0.020	0.337
고정된 출퇴근 시간이 없다	0.340	0.061	0.000
재택	-0.032	0.043	0.448
근로시간을 내가 전적으로 조정하거나 상당히 조정할 수 있다	-0.028	0.058	0.627
전일제면서 주당 32시간 미만 근로	-0.488	0.057	0.000
전일제면서 주 4일 이하 근로	0.029	0.007	0.000
시간제이다	-2.129	0.081	0.000

자료 : 유럽 15개국은 EWCS 2015년 기준, 우리나라는 근로환경조사 2023년 기준.

제3절 특이시간 근로

EWCS 조사에서 야간근무는 밤 10시부터 새벽 5시 사이 적어도 한 달에 한 번 이상 2시간 이상 일한 경우로 정의된다. EU 27개국 기준으로 보면 근로자의 12.3%, Euro 20개국 기준으로 보면 11.7%의 야간근무 발생률을 보

〈표 2-9〉 특이시간대 일하는 근로자 비중

(단위 : %)

	야간근무	저녁근무	토요일 일한다	일요일 일한다	교대제로 일한다
European Union - 27개국	12.3	32.2	38.1	22.5	18.0
Euro area - 20개국	11.7	31.3	37.8	22.3	16.1
Belgium	10.9	36.9	37.6	22.3	12.8
Bulgaria	10.8	25.1	31.8	19.1	17.5
Czechia	14.6	27.3	34.0	22.8	26.2
Denmark	10.0	42.8	37.3	34.9	8.5
Germany	9.4	27.2	27.5	15.7	14.8
Estonia	12.6	40.6	35.6	29.7	17.6
Ireland	12.2	41.3	37.3	25.4	22.5
Greece	17.9	61.9	60.4	29.4	36.2
Spain	12.0	30.9	34.0	21.3	21.6
France	11.2	29.7	40.7	23.2	6.5
Croatia	16.9	39.2	56.7	29.6	33.4
Italy	11.2	21.2	43.9	21.6	20.2
Cyprus	8.7	21.3	41.1	24.1	13.8
Latvia	10.2	25.0	29.0	20.6	19.5
Lithuania	7.0	22.2	23.7	16.3	9.1
Luxembourg	15.6	34.8	33.2	24.6	19.6
Hungary	12.8	26.9	32.8	19.7	18.7
Malta	17.8	27.4	52.0	36.8	24.6
Netherlands	15.7	62.0	53.6	41.7	15.4
Austria	16.0	27.6	35.7	21.5	15.8
Poland	14.9	37.7	41.4	19.8	28.4
Portugal	11.3	24.2	42.0	25.0	16.2
Romania	18.2	44.5	54.3	29.3	33.5
Slovenia	14.0	35.4	43.1	21.9	31.5
Slovakia	16.2	30.4	38.0	23.9	23.3
Finland	17.0	50.8	45.4	37.7	21.9
Sweden	10.7	28.2	28.6	25.7	16.7
Iceland	20.0	60.0	62.7	52.5	22.0
Norway	20.0	58.4	50.9	40.5	22.7
Switzerland	12.4	37.3	33.8	19.6	15.5
Bosnia and Herzegovina	17.5	54.7	69.7	32.2	38.9
Serbia	16.8	48.6	59.4	36.6	40.9
Türkiye	16.9	40.5	71.0	44.2	13.8

주 : 음영은 각 지표별로 Euro 20개국 평균보다 높은 비중으로 나타난 국가를 의미.
자료 : Eurostat, European Labour Force Survey, 2023.

인다. 같은 기준으로 볼 때 우리나라의 경우 야간 근무 발생 정도는 유럽연합 국가들 대부분보다 2017년에 이미 근로자의 9.8%만 경험해 낮게 나타났다. 52시간 상한제가 실시된 이후인 2023년에는 이보다 더 줄어 6.5%의 근로자만이 경험한 것으로 나타난다.

토요일 근무는 2017년에만 해도 우리나라가 유럽연합 국가들보다 다소 많이 하는 것으로 나타났으나(EU 27개국 기준 38.1%<우리나라 41.1%), 2023년이 되면 현격히 낮은 수준으로 바뀌었다(우리나라 26.9%). 일요일 근무는 이미 2017년에도 유럽연합 국가들보다 경험률이 낮았으며(EU 27개국 기준 22.5%>우리나라 15.3%), 2023년에는 더 낮아졌다(우리나라 10.7%).

우리나라는 유럽연합 국가들보다 평균적으로 다소 긴 시간 일하기 때문에 야간근무, 토요일 근무, 일요일 근무 모두 더 할 것으로 짐작할 수 있겠으나, 현실은 이와 크게 다르다는 뜻이 된다.

교대제도 EU 27개국 기준 18%의 근로자가 교대제로 일했으나, 우리나라 근로자는 2017년에 11.8%만이 교대제로 일했고, 2023년에는 8%만이 그러했다.

이상에서 유럽 통계는 유럽 노동력조사 기준으로 산출된 통계이다. 이 이상의 자세한 통계는 EUROSTAT에서 제시하지 않고 있으므로, 이하에서는 EWCS를 이용해 좀 더 자세한 교차표를 만들어 보았다.

우리나라보다 유럽의 특이 시간대 근로가 훨씬 활발하지만, 그렇다고 해서 우리나라처럼 장시간 근로로 이어지는 것은 아니다. 이를테면, 야간근무를 경험하는 경우 유럽 15개국 주당 평소 근로시간은 42.2시간인데 우리나라는 45.7시간 일하는 것으로 나타난다. 토요일 근무를 경험하는 경우 유럽 15개국은 41.1시간 일하는데 우리나라는 45.0시간 일한 것으로 나타난다.

〈표 2-10〉 특이시간대 일하는 우리나라 근로자 비중

(단위 : %)

	야간 근무	일요일 근무	토요일 근무	교대제 근무
2017	9.8	15.3	41.1	11.8
2023	6.5	10.7	26.9	8.0

주 : 평상시(normally) 한 달 내 발생 기준.
자료 : 근로환경조사 2023.

지역별로 안 하는 사람과 하는 사람을 비교해 보아도 근로시간 증가폭은 우리나라에 비해 적게 나타난다.

우리나라는 월~금 표준 근로시간대에 40시간을 일하는 근로형태가 유럽

〈표 2-11〉 특이시간 근로 형태에 따른 평소 근로시간 차이

(단위 : 시간)

	야간근무			일요일 근무		
	안함	(하기도) 함	근로시간 차이	안함	(하기도) 함	근로시간 차이
유럽 15개국	39.2	42.2	3.0	39.1	41.5	2.4
우리나라	41.3	45.7	4.4	41.2	45.3	4.1
	토요일 근무			교대제 근무		
	안함	(하기도) 함	근로시간 차이	교대제 아님	교대제임	근로시간 차이
유럽 15개국	38.8	41.1	2.3	39.8	39.8	0.0
우리나라	40.3	45.0	4.7	41.4	43.4	1.9

자료 : EWCS 2015, 근로환경조사 2023.

[그림 2-6] 직업별 교대제 근로자 비중

(단위 : %)

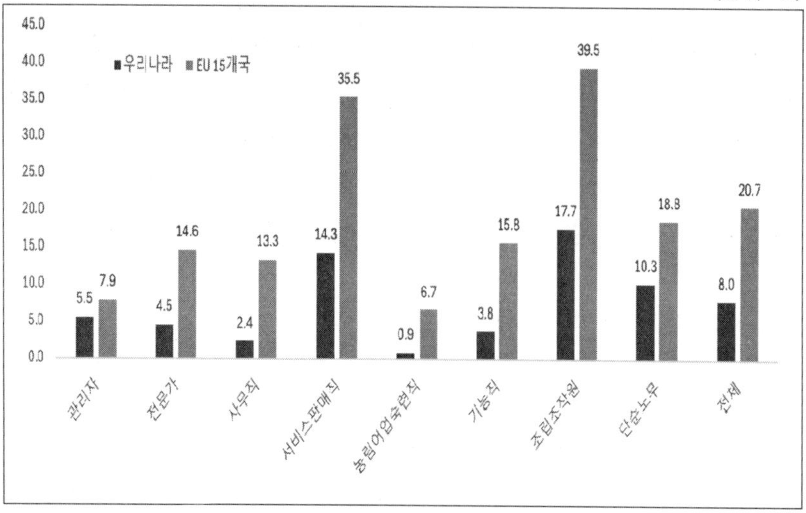

자료 : 유럽 15개국은 EWCS 2015년 기준, 우리나라는 근로환경조사 2023년 기준.

〈표 2-12〉 업종 · 직업별 교대제 근로자 비중

(단위 : %)

		전문가	사무직	서비스 판매직	기능직	조립 조작원	단순 노무직	전체
우리나라	광공업	0.8	2.0	3.8	6.1	13.7	10.9	7.0
	건설업	2.0	1.4	2.4	1.3	4.7	4.5	2.0
	도소매	5.3	1.4	18.1	1.7	1.3	12.3	11.7
	숙박음식	4.3	15.8	13.0	-	-	6.7	11.5
	운수창고정보통신	2.9	5.2	19.5	13.4	39.9	10.3	12.8
	금융보험	1.3	1.9	1.1	-	-	10.2	1.7
	부동산임대사업	1.2	0.1	0.0	-	-	32.7	16.6
	전문과학기술	0.4	0.8	2.1	-	-	10.5	1.0
	사업시설지원	0.8	5.2	31.3	-	-	21.9	17.2
	공공행정	12.9	2.5	45.3	-	-	0.6	8.4
	교육	1.0	0.9	2.0	-	-	5.1	1.3
	보건복지	12.3	3.3	9.7	-	-	3.1	9.2
	스포츠예술여가	6.5	4.6	15.1	-	-	10.1	9.6
	기타서비스	0.0	0.0	5.0	-	-	6.5	3.3
	전체	4.5	2.4	14.3	-	-	10.3	8.0
EU 15개국	광공업	13.2	13.3	24.1	24.6	48.7	43.9	26.0
	건설업	3.5	2.6	30.8	5.9	2.1	7.1	5.4
	도소매	8.9	11.3	33.4	11.5	10.3	29.4	23.8
	숙박음식	39.5	56.0	37.7	-	-	22.7	35.4
	운수창고정보통신	13.0	19.7	49.5	23.1	39.8	32.6	25.1
	금융보험	3.5	7.5	0.0	-	-	0.0	4.5
	부동산임대사업	2.3	8.8	0.0	-	-	0.0	4.6
	전문과학기술	3.7	4.4	40.0	-	-	12.5	4.7
	사업시설지원	6.9	22.2	45.0	-	-	13.1	19.1
	공공행정	8.3	5.8	62.3	-	-	11.7	17.9
	교육	4.0	6.0	8.9	-	-	9.2	4.8
	보건복지	38.9	15.9	46.4	-	-	24.2	38.1
	스포츠예술여가	17.1	31.7	25.0	-	-	17.2	20.1
	기타서비스	3.5	8.1	14.7	-	-	11.4	11.3
	전체	14.6	13.3	35.5	15.8	39.5	18.8	20.7

자료 : 유럽 15개국은 EWCS 2015년 기준, 우리나라는 근로환경조사 2023년 기준.

에 비해 상대적으로 공고하다는 의미로 해석할 수 있다. 그렇기 때문에 특이 시간대에 근로하는 것은 추가 근로로 귀결되어 근로시간이 장시간화되는 가능성이 높다고 볼 수 있다. 유럽의 경우 사업상의 필요, 개인의 필요에 따라 보다 유연하게 근로시간이 조직되기 때문에, 우리나라보다 특이 시간대 근로가 상대적으로 덜 장시간 근로로 귀결된다는 의미로 해석할 수 있다.

우리나라가 유럽에 비해 교대제 비중이 낮게 나타났는데, 모든 직업군에서 교대제 비중이 낮은 것을 확인할 수 있다. 우리나라는 조립 · 조작원의 17.7%만이 교대제로 일하는데, 유럽은 10명 중 4명이 그렇게 일하는 것으로 나타났다. 서비스 · 판매직에서도 우리나라는 10명 중 1.4명만이 교대제로 일하나, 유럽은 3.6명이 교대제로 일하는 것으로 나타났다.

업종과 직업을 교차해 보더라도 우리나라에서 교대제 비율이 높은 업종은 유럽도 교대제 비율이 높은데, 대신 훨씬 높은 비율로 교대제가 시행되고 있는 것으로 나타난다. 이 역시 사업의 필요에 따라 우리나라보다 훨씬 더 교대제를 활발히 활용하는 방식으로 근로시간을 유연하게 조직하고 있음을 보여준다.

심지어 우리나라는 유럽에 비해 하루 10시간을 초과해 일했다는 비중도 낮게 나타난다. EU 15개국 전체적으로 보면 관리직은 무려 64.3%가 하루 10시간을 초과해 일한 적 있다고 응답하였으며, 전문가는 39.2%가 그렇다고 응답하였다. 조립 · 조작원도 약 1/3 정도가 10시간을 초과해 일한적 있다고 응답하였다. 사무직이나 단순노무직은 10% 초중반 수준으로 10시간 초과 비중이 다른 직업군에 비해 낮게 나타났다. 반면에 우리나라는 조립 · 조작원과 단순노무직의 하루 10시간 초과 비중이 다른 직업군에 비해 높게 나타났다.

하루 10시간을 초과해 일한 경험이 있는 경우 우리나라는 47시간의 장시간 근로로 귀결되나, 유럽은 전일제 기준 43시간 정도 근무한 것으로 나타난다. 유럽의 일반적 근로시간에 비교하면 길다고 할 수 있으나, 절대적 기준에서 48시간에 육박하는 우리나라와 비교하긴 어려울 것이다. 또한, 시간제까지 포함할 경우 우리나라는 0.6시간 감소한 46.6시간이나, 유럽 15개국은 2시간 감소한 41시간으로 감소한다. 근로자의 30%가 하루 10시간을 초과해 일한 적이 있음에도 유럽의 근로시간이 우리보다 짧은 것은 일이 있는 날 몰아서 일하고 다른 날 덜 일하는 식으로 근로시간을 관리하는 운영상의 유연성이 만든 결과라 할 것이다.

〈표 2-13〉 하루 10시간을 초과해 일한 적 있는 근로자 비중

(단위 : %)

	EU 15개국		우리나라	
	하루 10시간을 초과해 일하지 않았다	하루 10시간을 초과해 일한 적 있다	하루 10시간을 초과해 일하지 않았다	하루 10시간을 초과해 일한 적 있다
관리직	35.7	64.3	94.4	5.6
전문가	60.8	39.2	91.2	8.8
사무직	85.3	14.7	95.2	4.8
서비스 판매직	73.6	26.4	93.3	6.7
기능직	72.7	27.4	91.7	8.3
조립 · 조작원	68.7	31.3	87.8	12.2
단순노무	86.5	13.5	90.8	9.2
전 체	70.0	30.0	92.3	7.7

주 : 평소 한 달 근무 기준.
자료 : 유럽 15개국은 EWCS 2015년 기준, 우리나라는 근로환경조사 2023년 기준.

〈표 2-14〉 근로자의 주당 평균 평소 근로시간

(단위 : 시간)

	하루 10시간을 초과해 일하지 않았다	하루 10시간을 초과해 일한 적 있다	전체
EU 15개국	32.6 (38.0)	41.0 (43.0)	35.2 (39.8)
우리나라	37.4 (41.1)	46.6 (47.2)	38.1 (41.6)

주 : 괄호 안은 전일제 근로자만 대상.
자료 : 유럽 15개국은 EWCS 2015년 기준, 우리나라는 근로환경조사 2023년 기준.

제4절 유연근로

1. 유연근로 활용 실태

이 절에서는 유럽 주요국의 유연한 근로시간 활용 현황을 우리나라와 비교 분석하였다. 분석결과를 보면, 우리나라는 EU 15개국에 비해 근로시간 설정 권한이 회사에 더 많은 것으로 나타난다. 특히 우리나라 시간제는 유럽 주요국과 달리 근로시간 설정 권한이 거의 없는 것으로 나타난다. "근로시간은 회사에서 결정한다"는 응답을 보면 우리나라가 EU 15개국보다 월등하게 높았다. 전일제는 15%p 이상, 시간제는 32%p가량 높게 나타났다. EU 15개국은 "근로시간은 회사에서 결정한다"는 응답이 시간제(57.9%)보다는 전일제(62.8%)에서 높으나, 우리나라는 반대로 전일제(78.4%)보다 시간제(90.0%)에서 더 높게 나타나는 차이도 있다. EU 15개국에서 시간제는 "회사가 정해 놓은 고정된 근로시간 스케줄 중에서 선택할 수 있다", "전적으로 내가 근로시간을 정한다"가 전일제보다 높기 때문이다.

EWCS에서는 시간제 근로가 유럽 노동력조사처럼 같은 직업, 사업장의 비교가능한 전일제 근로자보다 짧게 일하는 경우, 비교가능한 전일제가 없으면 같은 업종에서 같은 직업의 전일제 근로자보다 짧게 일하는 경우로 정의되며, 근로자 응답에 의존한다.

근로자 근로시간 결정권한이 상대적으로 크다고 볼 수 있는, 근로시간을 몇 가지 제한 사항 내에서 내가 조정하거나 전적으로 내가 결정한다는 응답 비중을 보더라도 EU 15개국은 시간제 28.7%, 전일제 27%인 반면, 우리나라는 절반에도 크게 미치지 못하는 시간제 7%, 전일제 10.5%에 불과하였다.

문항으로 보면 우리나라의 시차출퇴근제는 "회사가 정해 놓은 고정된 근로시간 스케줄 중에서 선택할 수 있다"에 포함될 수 있을 것이다. 우리나라에서는 시차 출퇴근 정도겠으나, 유럽이나 미국에서는 휴가 일정, 업무의 과다, 근로자의 자녀 돌봄 계획, 근로자 개인의 단축근로 포함 유연근로 선택 등을 반영해 주나 월단위 근로시간표에 따라 근로자가 어떤 근로시간에 일할 것인지 선택하는 방식도 상당히 퍼져 있다고 알려져 있다. 설문항목은 동일해도 실제 유연성의 정도는 크게 다를 수 있다는 것이다. 이하에서는 우리나라 상황을 고려해 이후 분석에서는 이 문항은 유연근로에 포함시키지 않고 분석할 것이다.

시간제뿐만 아니라 전일제도 다양한 형태로 근로시간을 유연하게 하는 것으로 나타나고 있다. 여성을 기준으로 보면, 전일제지만 평소 주32시간 이하 근무한다는 응답이 적게는 3.9%(포르투갈)에서 많게는 35.9%(네덜란드)까지 분포하며, 전일제지만 평소 주 4일 이하 근무한다는 응답도 EU 15개국 평균 7.8%나 차지하였다. 모두가 짧게 일하다보니 전일제에 대한 이해 자체가 다르거나, 단축근로 형태로 일하는 관행이 광범하기 때문에 나타나는 차이로 볼 수 있다.

국가별로 패턴 차이가 있는데, 스웨덴은 재택, 근로시간 자기 결정권한 있음, 출퇴근시간 비고정에서 평균보다 훨씬 높게 나타나나, 평소 32시간, 4일 이하 응답은 낮게 나타난다. 덴마크, 핀란드도 같은 유형에 속한다.

〈표 2-15〉 전일제와 시간제의 근로시간의 설정 권한

(단위 : %)

	EU 15개국		우리나라	
	시간제	전일제	시간제	전일제
근로시간은 회사에서 결정한다	57.9	62.8	90.0	78.4
회사가 정해 놓은 고정된 근로시간 스케줄 중에서 선택할 수 있다	12.7	9.5	7.5	11.2
몇 가지 제한 사항 내에서 근로시간을 내가 조정할 수 있다(예: 유연근로 flextime)	21.2	21.3	5.1	5.5
전적으로 내가 근로시간을 정한다	7.5	5.7	1.5	5.0
모름/무응답	0.5	0.4	-	-
응답거절	0.1	0.2	-	-
전 체	100.0	100.0	100.0	100.0

주 : EU 15개국(네덜란드, 독일, 룩셈부르크, 벨기에, 이탈리아, 프랑스, 덴마크, 아일랜드, 영국, 그리스, 스페인, 포르투갈, 스웨덴, 오스트리아, 핀란드) 대상이며, 2015년 기준임. 우리나라는 2020년 기준.

자료 : EWCS 2015 원자료 분석. 우리나라는 산업안전보건공단 근로환경조사 2020년 기준.

반면에 독일은 전반적으로 이런 유연근로 지표들에서 평균 이하로 나타나 전일제 근로자는 유럽 15개국 안에서는 상대적으로 덜 유연하게 일하는 편으로 나타난다. 다만, 독일은 상당히 높은 수준의 시간제 비중을 보여 독일의 유연성은 다른 국가들에 비해 상대적으로 시간제 (전환) 형태로 발휘된 것으로 보인다.

남유럽 국가들은 시간제가 되었든, 전일제의 유연성이 되었든 활용이 낮은 편으로 나타난다. 여기서 다루지는 않지만, 다른 남유럽 국가와 달리 포르투갈은 전통적으로 남녀 고용격차가 작은 나라라는 특수성 있다.

〈표 2-16〉 근로시간의 형태별 비중 : 전일제로 응답한 근로자에 한정

(단위 : %)

	평소 주 32시간 이하 근무		재택근로		근로시간 조정권한 있음		출퇴근시간 고정되어 있지 않음		평소 주 4일 이하 근무	
	남성	여성	남성	여성	남성	여성	남성	여성	남성	여성
벨기에	4.3	16.0	16.1	24.6	34.0	38.9	39.7	32.0	6.2	8.0
덴마크	2.1	7.9	27.7	31.5	54.5	60.1	44.6	46.4	7.9	8.8
독일	2.1	11.2	8.8	8.2	27.1	24.4	36.4	28.9	1.2	2.2
그리스	12.4	15.2	7.7	9.7	7.6	6.4	26.0	17.0	1.1	0.9
스페인	5.8	14.8	7.4	8.9	16.3	13.9	26.4	17.9	3.4	3.5
프랑스	2.9	7.0	17.3	23.3	34.7	32.1	41.0	37.0	5.7	10.9
아일랜드	4.6	21.1	20.6	10.9	24.7	23.7	44.2	35.5	7.1	14.3
이탈리아	6.0	24.7	3.9	8.3	14.0	10.1	32.1	17.1	1.9	2.7
룩셈부르크	4.0	6.6	15.6	18.8	34.8	27.7	35.9	29.3	2.1	3.4
네덜란드	8.6	35.9	23.9	27.5	45.1	50.7	48.8	50.6	15.2	43.9
오스트리아	1.7	9.2	13.1	14.7	36.4	27.1	50.9	37.7	3.3	5.2
포르투갈	4.7	3.9	8.9	9.4	12.8	6.7	32.8	20.5	0.3	1.9
핀란드	3.2	6.7	24.0	22.5	51.3	41.0	48.3	49.2	8.3	4.4
스웨덴	5.2	4.4	23.7	22.2	57.0	58.3	44.0	40.5	9.8	7.7
영국	2.9	15.7	18.9	20.6	30.0	32.0	37.9	38.7	11.6	15.2
EU15	3.9	13.2	13.3	15.6	28.6	26.5	37.3	30.9	5.4	7.8

주 : 음영은 EU 15개국 평균보다 높은 경우.
자료 : EWCS 2015 원자료 분석.

일찌감치 다양한 유연근로에 대한 청구권을 보유하고 있던 영국은 전반적으로 활용률이 높은 나라로 파악된다. 네덜란드, 벨기에도 같은 유형에 포함된다고 볼 수 있다.

〈표 2-17〉에서는 전일제 25~49세 여성으로 좁혀서 6세 이하 자녀 유무에 따른 유연근로 활용 비중을 살펴보았다. 6세 이하 자녀 없음=무자녀+6세 초과 자녀 있음이란 의미이다.

스페인, 아일랜드, 네덜란드, 오스트리아, 이탈리아, 영국은 자녀가 있는 경우 평소 32시간 이하 근무 비중이 높은 경향이 나타났다. 아일랜드, 오스트리아를 제외한 대부분 국가에서 자녀가 있는 경우 재택근로 비중이 높았으며, 특히 네덜란드, 덴마크, 영국은 유자녀 엄마의 재택근로 비중이 매우 높게 나타났다.

또한 자녀가 있는 경우 근로시간 조정권한이 높게 나타는데, 벨기에, 덴마크, 프랑스, 네덜란드, 스웨덴이 특히 두드러지게 높게 나타났다. 전일제 여성 중 자녀가 있는 경우 출퇴근시간이 고정되어 있지 않은 경우는 상당한 국가에서 나타나며, 특히 유럽 국가 중 덜 유연한 편이라 볼 수 있는 독일에서 이 방식만큼은 42.0%로 높은 활용을 보인다.

주 4일 이하 근무는 자녀유무에 따라 뚜렷한 경향을 보이지는 않았다. 다만 네덜란드는 자녀가 있는 경우 평소 주 4일 이하 일하는 전일제 비중이 75.2%로 매우 높게 나타나는 특징을 보인다.

다양한 유연한 근로시간 형태(재택근로, 근로시간 자기 결정권한 있음, 출퇴근시간비고정, 평소 주4일 이하 근무, 평소 주 32시간 이하 근무) 중 하나라도 이용하는 전일제 25~49세 여성은 6세 이하 자녀가 있으면 네덜란드의 경우 무려 96.2%, 덴마크는 92.4%, 프랑스, 벨기에, 아일랜드, 핀란드, 영국은 70% 이상 높게 나타났고, 50%가 안 되는 나라는 그리스, 이탈리아, 포르투갈에 불과하였다.

6세 이하 자녀가 없는 경우도 자녀가 있는 경우에 비해 낮긴 하지만 크게 낮다고 보긴 어렵다. 이 연령대 여성은 유연한 근로 시간형태를 보편적으로 활용하는 것으로 보여 이러한 근로형태를 활용하는 것이 별도의 낙인이 없다는 의미로 받아들일 수 있겠다. 여러 연구 결과들에 따르면 유연한 근로형태가 특정 집단에 의해서만 활용될 경우 그런 직원들은 덜 생산적이거나 헌

〈표 2-17〉 6세 이하 자녀 여부에 따른 근로시간의 형태별 비중(전일제 25~49세 여성)

(단위 : %)

	평소 주 32시간 이하 근무		재택근로		근로시간 조정권한 있음		출퇴근시간 고정되어 있지 않음		평소 주 4일 이하 근무	
	자녀 있음	없음	자녀 있음	없음	자녀 있음	없음	자녀 있음	없음	자녀 있음	없음
벨기에	12.2	17.1	28.4	22.9	51.2	35.9	38.0	29.1	6.1	7.3
덴마크	4.7	7.0	38.6	30.1	75.9	57.0	48.2	56.9	5.7	11.6
독일	11.0	8.6	0.0	9.4	17.0	25.4	42.0	31.8	0.0	3.0
그리스	6.6	16.8	13.5	10.7	1.1	4.9	26.8	15.1	1.4	0.5
스페인	21.9	13.1	10.4	7.0	17.2	12.9	17.8	19.5	5.2	3.2
프랑스	4.0	6.7	24.7	24.3	39.4	28.1	50.1	32.0	9.1	11.4
아일랜드	32.3	12.9	10.5	14.2	21.5	21.6	34.0	37.4	15.6	9.8
이탈리아	17.1	24.3	12.0	8.8	22.1	9.4	10.0	18.3	12.7	0.8
룩셈부르크	3.7	6.6	22.9	19.3	37.6	27.2	25.2	25.6	5.4	2.3
네덜란드	49.8	42.0	62.5	33.2	77.3	49.3	49.5	55.2	75.2	37.3
오스트리아	27.3	7.1	12.2	16.4	19.6	30.9	34.3	33.2	16.6	2.5
포르투갈	3.3	3.7	19.5	5.1	5.0	8.7	15.9	19.0	0.0	2.6
핀란드	6.4	4.4	29.5	23.2	45.5	41.1	61.7	45.1	1.8	3.4
스웨덴	6.7	5.5	21.2	21.8	59.4	55.1	42.7	37.9	0.0	7.7
영국	16.6	11.9	38.9	18.9	42.8	29.1	49.0	33.7	30.2	12.6
EU15	12.5	11.8	21.6	15.1	33.2	24.5	37.8	29.4	11.4	6.9

주 : 음영은 EU 15개국 평균보다 높은 경우 .

자료 : EWCS 2015 원자료 분석.

신적이지 않다는 부정적 인식으로 연결될 수 있기 때문에 보편적 활용이 중요한 의미를 갖는다(Chung et al., 2024).

25~49세 근로자 전체를 대상으로 '시간제', '주당 평소 32시간 미만', '주당 4일 이하 근무', '고정된 출퇴근 시간 없음', '재택', '근로시간 결정권한 있음' 중 하나라도 해당되는 경우로 시간제를 포함해 분석하면, 80% 이상인 국가가 2개국(전일제 대상)에서 9개국으로 늘어나고(6세 이하 자녀 있는 여성 25~49세 기준), 스페인, 포르투갈, 그리스 정도를 빼면 여성은 6세 이하 자녀

〈표 2-18〉 전일제(25~49세) 여성 중 유연한 근로시간 형태 중 하나라도 활용하는 비중

(단위 : %)

	5가지 유연한 근로시간 형태 중 하나라도 활용	
	6세 이하 자녀 있음	6세 이하 자녀 없음
벨기에	74.8	67.6
덴마크	92.4	82.5
독일	57.0	48.6
그리스	39.7	35.0
스페인	49.2	42.3
프랑스	76.6	62.9
아일랜드	74.9	60.0
이탈리아	46.9	39.6
룩셈부르크	58.9	54.0
네덜란드	96.2	91.8
오스트리아	62.8	53.4
포르투갈	38.1	30.2
핀란드	73.3	66.3
스웨덴	68.7	70.0
영국	73.3	61.0
EU15	65.4	53.3

자료 : EWCS 2015 원자료 분석.

유무 관계없이 70%를 상회하는 이용률을 보이고, 남성도 60% 근방의 이용률을 보였다. 이와 같은 높은 수치로부터 다양한 형태의 유연한 근로시간 형태를 25~49세 연령대 전반에서 보편적으로 활용한다고 이해할 수 있겠다.

반면, 우리나라는 유럽 주요국 어느 나라(그리스나 포르투갈)보다도 시간제를 포함하고 보나 전일제만 보나 유연한 근로시간 형태의 활용률이 크게 낮게 나타났다. 다만, 아래 수치는 시차출퇴근이 포함되어 있을 것으로 보이는 "회사가 정해 놓은 고정된 근로시간 스케줄 중에서 선택할 수 있다"를 빼고 계산한 것이어서 통계청 경제활동인구조사의 유연근로 활용 통계보다 활용률이 낮다. 다만, 해당 통계의 유연근로 활용률을 기준으로 보더라도 결론은 바뀌지 않는다.

〈표 2-19〉 전체 근로자 중 시간제, 주당 평소 32시간 미만, 주당 4일 이하 근무, 고정된 출퇴근 시간 없음, 재택, 근로시간 결정권한 있음 중 하나라도 해당되는 경우

(단위 : %)

	6세 이하 자녀 있음		6세 이하 자녀 없음	
	여성 25~49세	남성 25~49세	여성 25~49세	남성 25~49세
벨기에	88.3	67.8	80.1	58.7
덴마크	89.8	73.8	87.2	82.6
독일	90.4	49.5	70.8	48.3
그리스	48.4	38.1	44.2	46.9
스페인	66.3	53.3	59.4	50.2
프랑스	85.8	63.5	71.7	65.9
아일랜드	87.3	76.5	74.5	68.9
이탈리아	75.4	42.0	63.4	45.3
룩셈부르크	78.3	61.3	73.7	57.1
네덜란드	99.3	72.7	97.4	78.3
오스트리아	93.3	67.1	73.3	73.1
포르투갈	43.4	41.6	34.1	54.5
핀란드	81.9	83.2	71.1	72.8
스웨덴	77.7	84.5	76.7	73.1
영국	88.2	75.5	76.0	64.2
EU15	83.6	62.1	69.8	57.2

자료 : EWCS 2015 원자료 분석.

가족 또는 개인 사정으로 일과시간 중 한두 시간 빼는 것이 얼마나 쉬운지도 분석해 보았다. EU 15개국은 전일제 한정으로 볼 경우 "매우 쉽다"는 응답이 21.1%인 반면 우리나라는 2.2%에 불과하였다. "쉬운 편"이란 응답도 EU 15개국은 37.9%인 반면 우리나라는 29.4%로 낮게 나타나, "매우 쉽다+쉬운 편"이라는 응답이 EU 15개국 59%, 우리나라 31.6%로 큰 차이를 보였다.

유연하게 일하는 방식을 하나라도 활용하는 경우가 그렇지 않은 경우에 비해 쉽게 한두 시간 빼는 게 가능하다는 응답이 높게 나타나는데(표 2-21의 "유연"에 해당), 이는 우리나라도 마찬가지였다. 이를테면, 전일제 한정해 볼 때 유연한 근로시간 형태를 하나도 활용하지 않는 경우 EU 15개국에서

〈표 2-20〉 전체 근로자 중 시간제, 주당 평소 32시간 미만, 주당 4일 이하 근무, 고정된 출퇴근 시간 없음, 재택, 근로시간 조정권한 있음 중 하나라도 해당되는 경우 (우리나라)

(단위 : %)

	25~49세 여성 근로자 전체			25~49세 여성 전일제 근로자		
	유연 관련 제도 미이용	유연 관련 제도 이용	전체	유연 관련 제도 미이용	유연 관련 제도 이용	전체
6세 이하 자녀 없음	74.5	25.5	100.0	86.9	13.2	100.0
	83.5	83.8	83.6	83.5	81.3	83.2
6세 이하 자녀 있음	75.0	25.0	100.0	85.1	15.0	100.0
	16.5	16.2	16.4	16.5	18.7	16.8
전 체	74.6	25.5	100.0	86.6	13.5	100.0
	100.0	100.0	100.0	100.0	100.0	100.0

자료 : 근로환경조사 2020.

〈표 2-21〉 가족 또는 개인 사정으로 일과시간 중 한두 시간 빼는 것이 얼마나 쉬운지

(단위 : %)

	전일제 한정			전일제+시간제		
	비유연	유연	전체	비유연	유연	전체
매우 쉽다	22.6	77.4	100.0	10.4	89.6	100.0
	13.7(1.1)	24.9(8.4)	21.1(2.2)	13.2(1.1)	22.3(7.5)	20.8(2.7)
쉬운 편	34.0	66.0	100.0	16.8	83.2	100.0
	37.3(28.1)	38.2(36.8)	37.9(29.4)	37.8(28.1)	36.7(32.8)	36.9(29.3)
어려운 편	44.4	55.6	100.0	21.8	78.2	100.0
	27.7(47.1)	18.4(36.4)	21.6(45.6)	27.0(47.1)	19.0(31.2)	20.3(43.2)
매우 어렵다	36.1	64.0	100.0	15.9	84.1	100.0
	19.4(23.6)	18.2(18.4)	18.6(22.9)	19.5(23.6)	20.3(28.5)	20.2(24.8)
전 체	34.6	65.4	100.0	16.4	83.6	100.0
	100.0	100.0	100.0	100.0	100.0	100.0

주 : 6세 이하 자녀가 있는 25~49세 여성. ( ) 안은 우리나라.
자료 : EWCS 2015, 근로환경조사 2020.

는 51%의 근로자가 "매우 쉽다+쉬운 편"으로 응답해 유연하게 일하는 방식을 활용하는 근로자의 63.1%보다 낮게 나타났다. 우리나라는 각각 29.2%, 45.2%로 나타났다. 전일제+시간제 합쳐 보아도 대동소이한 모습이었다.

2. 유연근로와 출산율, 고용률의 관계

유연근로 활용실태가 현격히 다른 것이 합계출산율과 여성 고용률에 어떤 영향을 미치는지 시사점을 얻기 위해 국가별 자료를 활용해 회귀분석하였다.

종속변수는 합계출산율, 설명변수로는 0~14세 자녀를 가진 25~54세 여성 고용률만 사용한 것이 모형1, 설명변수로 유연 관련 근로제 활용 비중과 로그 일인당 GDP를 추가한 것이 모형2이다(표 2-22 참조).

선진국을 대상으로 할 때 여성 고용은 합계출산과 정(+)의 관계에 있다고 알려져 있다. 모형 1의 추정결과에서 이 관계가 잘 보인다. 그런데, 이 관계는 유연한 근로시간 형태 활용비중을 통제하면 통계적 유의성이 사라지는 것으로 나타난다. 즉, (여성의) 시간제 포함 각종 유연 근무와 관련된 지표들

〈표 2-22〉 종속변수=합계출산율, EU 15개국을 이용한 국가별 회귀분석

합계출산율		계수	p값	표준화 베타
모형1	0~14세 자녀 가진 25~54세 여성 고용률	0.0097	0.024	0.496
모형2	0~14세 자녀 가진 25~54세 여성 고용률	0.0050	0.214	0.255
	유연 관련 근로제 활용 비중(25~49세 여성, 6세 이하 기준)	0.0056	0.022	0.588
	로그 일인당 GDP	-0.056	0.558	-0.113

주 : 유연 관련 근로제 활용 비중은 시간제, 주당 평소 32시간 미만, 주당 4일 이하 근무, 고정된 출퇴근 시간 없음, 재택, 근로시간 조정권한 있음 중 하나라도 해당되는 경우. 로버스트 표준오차. 모든 국가 자료가 2015년 기준.

자료 : 유연 근로 관련 활용 비중은 EWCS(2015), 0~14세 자녀 가진 25~54세 여성 고용률, 합계출산율, 로그 일인당 GDP는 OECDstat.

〈표 2-23〉 종속변수=고용률, EU 15개국을 이용한 국가별 회귀분석

0~14세 자녀 있는 25~54세 여성 고용률	계수	표준 오차	p값	표준화 베타
유연 관련 근로제 활용 비중 (25~49세 여성, 6세 이하 기준)	0.3401	0.1058	0.008	0.698
로그 일인당 GDP	2.7162	4.2882	0.539	0.107
전일제 통상근로시간	4.2676	1.5141	0.017	0.622

주 : 유연 관련 근로제 활용 비중은 시간제, 주당 평소 32시간 미만, 주당 4일 이하 근무, 고정된 출퇴근 시간 없음, 재택, 근로시간 조정권한 있음 중 하나라도 해당되는 경우. 로버스트 표준오차. 모든 국가 자료가 2015년 기준.

자료 : 유연 근로 관련 활용 비중, 전일제 통상근로시간은 EWCS(2015), 0~14세 자녀를 가진 25~54세 여성 고용률, 합계출산율, 로그 일인당 GDP는 OECDstat.

의 활용 비중이 높은 국가들에서 합계출산율이 높은 경향이 있음을 보여준다. 선진국이 되면 자연스럽게 고용과 출산의 관계가 정으로 바뀌는 것이 아니라 각종 유연시간 형태들이 활성화되면서 나타난 현상임을 이 결과는 보여준다고 결론지을 수 있겠다.

다음으로, 종속변수를 0~14세 자녀가 있는 25~54세 여성 고용률로 바꿔서 유연 관련 근로제 활용 비중과의 관계를 분석해 보았다. 이 경우에도 고용률과 유연근로시간 형태들의 활용 수준 간에 통계적으로 뚜렷하게 유의한 정의 관계가 보이는 것으로 나타났다.

보다 직접적으로 6세 이하 자녀가 있는 부모에 한정해 유연한 근로시간 형태별로 직장의 근로시간이 일생활 균형에 맞는다고 응답하는지 분석해 보았다(표 2-24 참조). 산업과 직업, 기업 규모, 근로자의 교육수준과 연령, 근속연수, 성별을 통제하고 분석한 결과 근로시간 결정권이 나에게 있다 및 상당히 있다, 전일제지만 32시간 미만 일하는 경우, 시간제는 뚜렷하게 근로시간이 일생활 균형에 맞는 것으로 분석되었다.

재택근무는 통계적 유의도가 전혀 없었고 계수도 매우 약하게 나타나는 특징이 있다. 재택근무는 근로시간도 실질적으로 짧지 않으며(표 2-25 참조), 집에 있으면서 자녀 관련 시간도 쓰게 되는 등 몰입도를 높이는 데에서 어려움이 있음이 다양한 매체에서 보고된 바가 있다. 고정된 출퇴근 시간이 없는 경우엔 오히려 일생활 균형감을 떨어뜨리는 것으로 나타났는데, 이는

근로시간 조정권을 따로 통제했기 때문에 출퇴근 시간이 회사 측 이유로 고정되어 있지 않은 경우만 남기 때문에 이와 같은 결과가 나온 것으로 추측된다.

참고로, 유럽 15개국의 경우 재택근무, 근로시간 결정권이 나에게 있다/ 상당히 있다, 고정된 출퇴근 시간이 없다의 형태로 일하는 사람들은 근로시간이 전일제 한정해 볼 경우 일반 근로자보다 약 2시간가량 길게 나타나는 것을 알 수 있다. 자율성이 큰 대신 업무 생산성도 요구된 결과일 수 있다.

다음으로 성별로 나눠 같은 추정모형을 이용해 자녀수에 미치는 영향을 분석해 보았다. 여성의 경우 재택근무, 근로시간 결정권이 나에게 있다/ 상당히 있다, 전일제지만 32시간 미만 일한다, 시간제는 자녀수 증가에 긍정적 영향을 미치는 것으로 나타난다. 남성의 경우에도 재택근무와 근로시간 결정권이 나에게 있다/ 상당히 있다는 자녀수를 늘릴 가능성 있는 것으로 나타나며, 나머지 요인은 통계적 유의성이 없었다. 고정된 출퇴근시간이 없다는 여성의 경우에 자녀수에 다소간 부정적 영향을 미칠 가능성을 보였다. 재택근무가 일생활 균형의 느낌을 주지는 못하지만, 자녀수에는 긍정적 영향을 미쳤다는 점, 유럽 15개국에서도 남성은 짧은 시간 일하는 것이 자녀수 증가에 긍정적 영향을 미치지 못한다는 점이 주목할 만하다.

〈표 2-24〉 유연 근로시간 형태별 일생활 균형감에 미치는 영향

종속변수	설명변수	계수	표준오차	p값
6세 이하 자녀 있는 경우 근로시간이 일생활균형에 맞는다=1 아니다=4	고정된 출퇴근 시간이 없다	0.548	0.112	0.000
	재택근무	-0.008	0.138	0.956
	근로시간 결정권이 나에게 있다/ 상당히 있다	-0.472	0.118	0.000
	전일제지만 32시간 미만 일한다	-0.428	0.227	0.060
	전일제지만 주 4일 이하 일한다	-0.443	0.278	0.112
	시간제	-0.856	0.124	0.000

주 : 산업과 직종 대분류, 규모, 연령, 교육수준, 근속연수, 성별 통제. 로버스트 표준오차. 모든 국가 자료가 2015년 기준.

자료 : EWCS 2015.

〈표 2-25〉 유연 근로시간 형태별 평균 근로시간

(단위 : 시간)

유연 근로시간 형태	지역	전일제	시간제	전체
재택근로	유럽 15개국	41.7	24.7	38.4
	우리나라	39.6	23.6	36.7
고정된 출퇴근 시간 없음	유럽 15개국	41.7	24.0	37.3
	우리나라	41.7	25.3	36.8
근로시간 조정권한 나에게 있음	유럽 15개국	41.1	23.6	36.7
	우리나라	41.0	25.2	36.7
전체 근로자	유럽 15개국	39.8	23.6	35.6
	우리나라	41.6	22.1	38.1

자료 : EWCS 2015, 근로환경조사 2023.

〈표 2-26〉 성별로 본 유연 근로시간 형태별 자녀수에 미치는 영향

종속변수	설명변수	계수	표준오차	p값
여성 표본 한정해 본 자녀수	고정된 출퇴근 시간이 없다	-0.060	0.023	0.011
	재택근무	0.115	0.032	0.000
	근로시간 결정권이 나에게 있다/상당히 있다	0.071	0.025	0.004
	전일제지만 32시간 미만 일한다	0.156	0.049	0.001
	전일제지만 주 4일 이하 일한다	-0.026	0.065	0.685
	시간제	0.308	0.034	0.000
	주당 근로시간	-0.003	0.002	0.057
남성 표본 한정해 본 자녀수	고정된 출퇴근 시간이 없다	-0.011	0.026	0.663
	재택근무	0.116	0.036	0.001
	근로시간 결정권이 나에게 있다/상당히 있다	0.114	0.029	0.000
	전일제지만 32시간 미만 일한다	-0.034	0.067	0.618
	전일제지만 주 4일 이하 일한다	0.004	0.071	0.954
	시간제	-0.013	0.045	0.777
	주당 근로시간	-0.001	0.002	0.419

주 : 산업과 직종 대분류, 규모, 연령, 교육수준, 근속연수 통제. 로버스트 표준오차. 모든 국가 자료가 2015년 기준.

자료 : EWCS 2015.

자녀수에 유의한 영향을 미친 유연 근로시간 형태 중 재택근로와 나에게 근로시간 선택권 있음/ 상당히 있음만 기업 규모별로 활용률을 분석해 보면, EU 15개국은 6세 이하 자녀가 있는 경우 2~9인 기업에서 일하는 여성 근로자의 45.6%가 활용하고, 10~249인 기업에서 일하는 여성 근로자의 57.8%가 활용하며, 250인 이상 기업에서 일하는 여성 근로자의 69%가 활용하는 것으로 나타났다. 반면, 우리나라는 이 수치가 각각 20.3%, 21.4%, 33.6%로 절반 미만 수준이며, 250인 이상 규모조차 EU 15개국의 2~9인 규모 활용률에 미치지 못하는 것으로 분석되었다.

1인 고용 기업을 제외하면 기업 규모가 커질수록 활용률이 높아진다는 점은 유사한 측면이 있으나, EU 15개국의 경우 기업 규모가 작은 곳에는 근로자 비중 자체가 적고, 250인 이상에 거의 절반가량의 근로자가 고용되어 있는 커다란 노동시장 구조 차이가 있다. 이를테면, 우리나라 여성 근로자의 40%는 2~9인 규모에 있는데 이 규모에서 유연근로 활용률은 20.3%밖에 되지 않는다.

우리나라 남성의 경우 기업 규모가 커진다고 특별히 이러한 형태의 유연근로 활용비중이 높아진다고 보기 어려웠다. 활용비중도 250인 이상 기업은 여성의 절반, 그 외에는 여성보다 약간 낮은 수준의 활용비중을 보였다. 유럽 15개국에서는 여성 못지않은 높은 활용률을 보였다.

근로자 대표 역할이 크기 어려운 소규모 업체에 여성 근로자가 많이 분포하고 있어 우리나라에서는 사업주 선의와 선의를 끌어낼 정부의 유인제공이 더 중요할 수 있겠다는 시사점도 주는 통계라 할 수 있겠다.

유연한 일하는 방식의 출산과 여성 경제활동 활성화 간의 긍정적 관계 때문에 EU는 2019년 일생활 균형 지침을 제정하여 2022년까지 회원국들이 관련 제도를 도입 또는 개정하도록 하였다. 이 지침은 부성 휴가 최소 10일, 육아휴직 부모당 최소 4개월 보장 외에도, 최소 8세 이하 자녀가 있는 부모와 모든 돌봄을 제공하는 상황에 있는 가족 구성원들을 위해 근로시간 축소(reduced working hour), 유연 근로시간(flexible working hours), 일하는 장소 유연성(flexibility of the workplace)을 의미하는 유연 근로제(flexible working arrangements)를 청구할 권리(the right to request)를 보장하도록 하였다. 유연 근로제에 들어간 근로자가 원래의 근로제로 돌아오는 것이 보

〈표 2-27〉 기업규모별 유연근로 활용률

(단위 : %)

성별	기업규모	EU-15개국		우리나라	
		6세 이하 자녀 있는 경우 유연근로 활용률	6세 이하 자녀 있는 근로자의 기업 규모 분포	6세 이하 자녀 있는 경우 유연근로 활용률	6세 이하 자녀 있는 근로자의 기업 규모 분포
여성 근로자	1인	78.6	2.0	38.4	0.8
	2~9인	45.6	12.7	20.3	40.1
	10~249인	57.8	37.9	21.4	52.5
	250인 이상	69	47.4	33.6	6.5
	전체	62	100.0	21.9	100.0
남성 근로자	1인	42.9	0.6	100.0	0.3
	2~9인	44.8	12.3	15.6	21.5
	10~249인	51.7	39.3	19.2	58.1
	250인 이상	65.7	47.8	15.3	20.1
	전체	57.5	100.0	17.9	100.0

주 : 표의 유연근로는 자녀수에 통계적으로 유의하게 영향을 미친 유연 관련 근로형태들 중 재택과 나에게 근로시간 선택권 (상당히) 있다로 한정.

자료 : EWCS 2015, 근로환경조사 2023.

장되도록, 그리고 계획보다 일찍 복귀를 청구할 권리도 보장되도록 하였는데, 다만 이를 사용할 수 있는 기간은 회원국들이 각국의 사정에 따라 제한을 둘 수 있도록 하고, 기업들의 활용가능한 자원이나 운영능력에 따라 근로자 청구를 받아들일지 여부를 결정할 수 있도록 하여 기업들의 사정도 고려하도록 열어 두었다. 우리도 지나치게 육아휴직이나 육아기 근로시간 단축 같은 제도 활용에만 집중하지 말고 일반적인 유연한 근로시간 제도들의 활용성을 높이기 위한 방안을 청구권을 포함해 폭넓게 논의할 때이다.

3. 유연근로와 임금체계

엄밀한 방법론을 이용한 연구결과들을 보면 근로자 시간 및 장소 주권과 관련된 유연근로시간 제도들이 기업의 생산성을 개선하는지가 불분명하게 나타난다. 이를테면, Bloom, Kretschmer, Van Reenen(2011)의 연구는 유연근로 그 자체가 아니라 성과관리, 성과급 시스템 등 좋은 경영관행과 결합되었기 때문에 생산성에 긍정적이라고 하였다. Bloom, Han, Liang(2024)도 성과가 잘 관리되는 회사에서 재택근로 도입을 실험한 결과, 생산성에 부정적이지 않았다는(긍정적이 아니고) 수준의 평가결과를 내놓았다.

실제 유럽 15개국 데이터에서 근로자의 시간 및 장소 선택권이 있는 형태의 유연근로제일 경우 개인 또는 팀 성과급 임금체계(생산직의 개수임금제 포함)와 동반되는 경향이 발견된다. 〈표 2-28〉을 보면 근로시간 결정권이 나에게 있다/ 상당히 있다, 재택근로가 적용되는 근로자의 경우 개인 성과급, 팀 성과급에 있을 가능성이 통계적으로 유의하게 높게 나타났다. 고정된 임금요소가 거의 없는 가변 임금제를 적용받을 가능성 또한 근로시간 결정권이 나에게 있다/ 상당히 있다는 사람들의 경우 높은 것으로 나타났다.

반면, 사업주 주도 시간 유연성 제도들은 근로자 건강, 만족 등으로 연결 안 될 가능성이 높다는 연구결과도 있다(Chung, 2011). 이상의 결과들을 종

〈표 2-28〉 성과급제와 유연근로 간의 관계

종속변수	설명변수	계수	표준오차	p값
근로시간 결정권이 나에게 있다/ 상당히 있다	개인 성과급	0.055	0.009	0.000
	팀 성과급	0.079	0.011	0.000
	종업원 주식 공유	0.014	0.02	0.486
	가변 임금	0.055	0.017	0.001
재택근로	개인 성과급	0.047	0.007	0.000
	팀 성과급	0.046	0.008	0.000
	종업원 주식 공유	0.039	0.015	0.009
	가변 임금	0.011	0.013	0.406
고정된 출퇴근 시간이 없다	개인 성과급	0.062	0.01	0.000
	팀 성과급	0.043	0.011	0.000
	종업원 주식 공유	0.012	0.021	0.582
	가변 임금	0.191	0.019	0.000

주 : 산업과 직종 대분류, 규모, 연령, 교육수준, 근속연수, 성별 통제. 로버스트 표준오차. 모든 국가 자료가 2015년 기준.
자료 : EWCS 2015.

합하면, 근로자 시간주권의 존중은 기업의 생산성 요구와도 조화를 이룰 필요가 높음을 보여주며, 근로자 자율성을 높이는 변화는 조직관리, 임금체계 면에서의 개혁과 동반되어야 함을 보여준다.

제5절 쉬는 관행의 차이

1. 일시휴직 통계로 본 차이

노동력조사 같은 국가 대표통계조사에서 일시휴직 통계란 취업해 있었는데 해당 조사주간에 일하지 않은 사람들을 의미한다. 대개 주간 휴가 및 병가, 장기 휴직, 파업, 무단결근 등이 포함된다.

유럽 노동력조사에서는 매주 연속조사를 통해 일시 휴직한 취업자수를 파악하여 공표하는 시험통계를 운영하고 있다. 매주 일정 규모 이상의 일시휴직자가 발생하는데, 이 정도의 규모를 넘어 32주 차 내외에 발생하는 일시 휴직은 여름 휴가와 관련이 깊다고 볼 수 있다. 이 32주 차를 사이에 둔 몇 주 동안 프랑스, 덴마크, 이탈리아, 노르웨이, 핀란드 등의 국가들은 취업자의 50% 내외의 주간 일시 휴직자가 발생하는 것으로 나타난다. 이는 코로나 폐쇄 기간인 2020년 15주 차 내외보다 더 큰 일시휴직 규모이다. 이를 보면 얼마나 유럽의 여름휴가가 활발하게 발생하는지 확인할 수 있다. 이 외에도 유럽 주요국들의 경우 연말 연초, 부활절 주간에 상당한 주간 일시휴직자가 발생하는 것으로 나타난다.

우리와 비슷한 장시간 근로 추이를 보이는 튀르키예도 여름 휴가철의 일시휴직 규모는 우리나라를 크게 넘어선다. 여름 휴가철 일시휴직 규모가 연간 취업자수의 20% 수준인 독일은 평소에도 일시휴직 규모가 10% 내외에 육박하여 높은 일시휴직 규모를 보인다.

우리나라는 여름 휴가철에 불과 3%에도 도달하지 못하는 현저히 낮은 일시휴직 비중을 보인다. 코로나 때에도 최대 6%의 일시휴직 비중을 보였을 뿐이다. 이는 우리나라의 연속휴가 관행(1주일을 휴가로 쉬는 비중을 의미)

[그림 2-7] 2019~2020년 주별 일시휴직자 비중(취업자) : EU 27개국, 덴마크, 독일

(단위 : %)

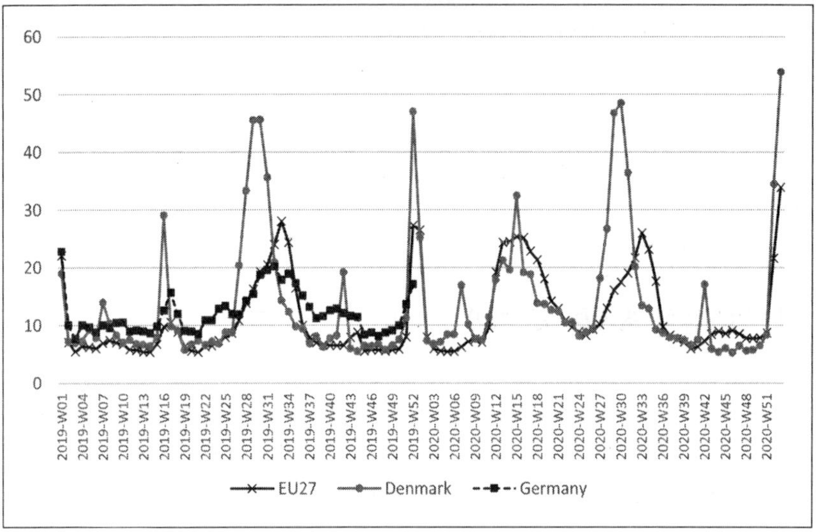

주 : 주당 일시휴직자를 분모로, 연간 취업자수를 분자로 하여 계산한 비중.
자료 : EUROSTAT.

[그림 2-8] 2019~2020년 주별 일시휴직자 비중(취업자) : 스페인, 프랑스, 이탈리아

(단위 : %)

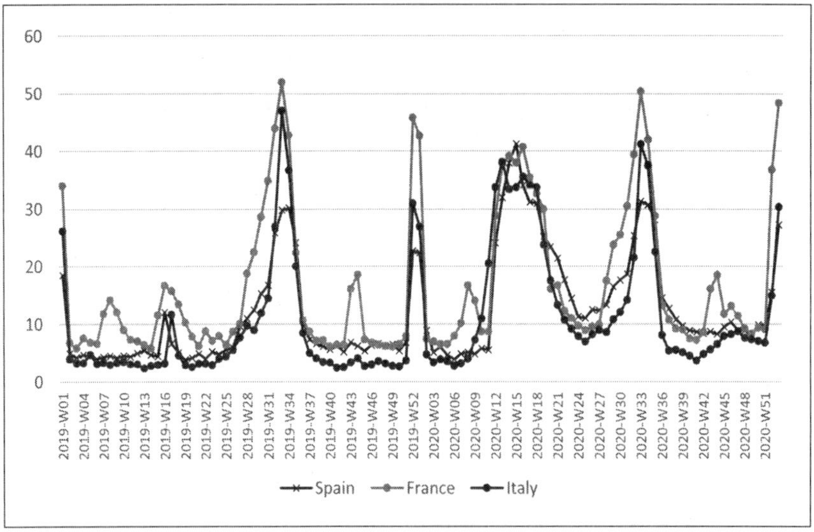

주 : 주당 일시휴직자를 분모로, 연간 취업자수를 분자로 하여 계산한 비중.
자료 : EUROSTAT.

[그림 2-9] 2019~2020년 주별 일시휴직자 비중(취업자) : 네덜란드, 핀란드, 노르웨이, 튀르키예

(단위 : %)

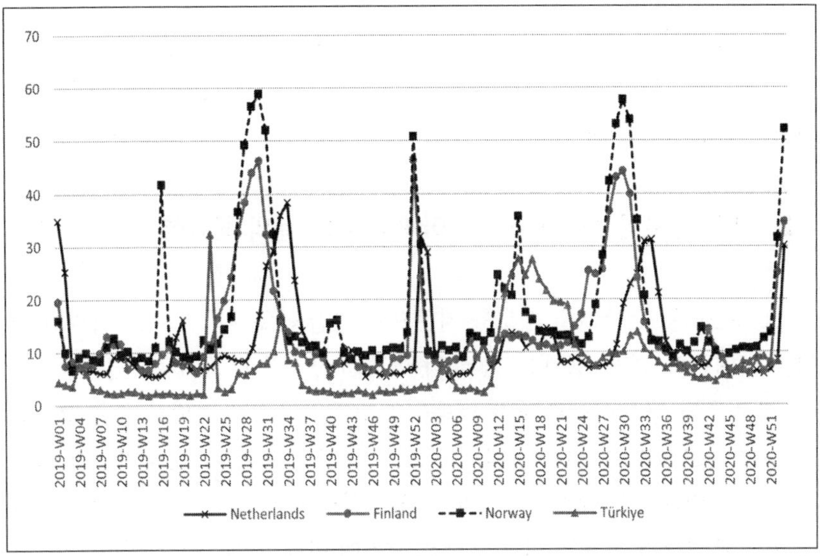

주 : 주당 일시휴직자를 분모로, 연간 취업자수를 분자로 하여 계산한 비중.
자료 : EUROSTAT.

[그림 2-10] 2019~2020년 월별 일시휴직자 비중(취업자) : 우리나라

(단위 : %)

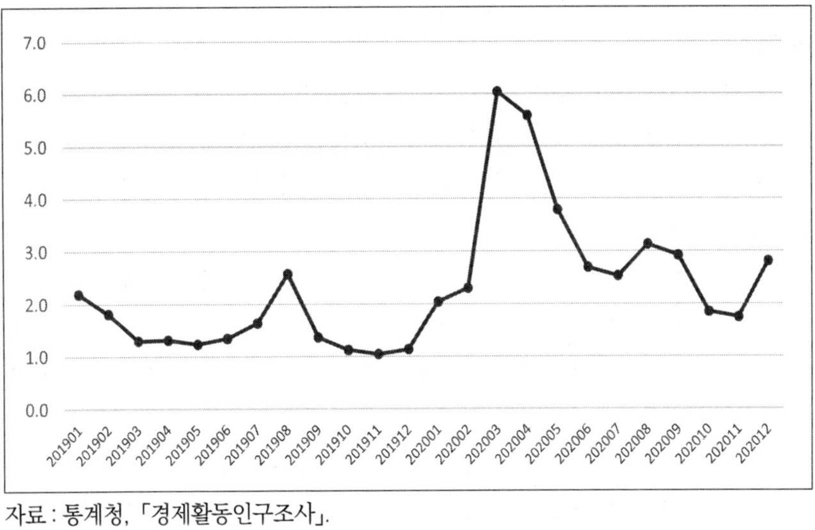

자료 : 통계청, 「경제활동인구조사」.

이 현저하게 낮고, 초과근로의 보상휴가제가 유럽의 근로시간저축 계좌제처럼 체계적으로 존재하지 않으며, 사용이 활발하지 않은 육아휴직, 일부 대기업이나 공공기관을 제외하면 존재하지 않는 병가제도 등 쉼 관련 관행이 현격히 다른 데에서 기인하는 것으로 볼 수 있다.

이하에서는 이와 같은 쉼 관행의 차이가 연간 근로시간에 어떤 영향을 미치는지 확인해 보겠다.

2. 연간 근로시간의 국제적 차이에서 쉬는 날의 중요성

〈표 2-29〉는 각 국가별 제도를 기준으로 연간 근로시간이 어느 나라가 긴지를 보여준다. 해당 통계는 각 국가의 법정 연차휴가 최소값, 연간공휴일수, 법정 주당 근로시간과 대표 업종들의 단체협약으로 정해진 평균적인 협약 주당 근로시간 중 짧은 값을 기준으로 작성된 것이다. EU국가들과 합쳐서 보면 우리나라는 에스토니아와 함께 셋째로 연간 정규 근로시간이 긴 나라이다. 우리나라 통계는 필자가 작성하여 맨 아래 행에 제시하였다. 우리나라가 공휴일은 많지만, 법정 연차휴가일수 최소값이 매우 작아서 연간 정규 근로시간이 길게 나타날 수밖에 없다.

스웨덴의 경우 주당 정규 근로시간의 연간 환산값은 2,070시간으로 우리나라와 불과 10시간 차이 나지만, 법정 연차휴가일수와 공휴일수를 고려하면 76시간 차이로 벌어진다. 독일과 비교하면 정규 근로시간 차이로 129시간 벌어지지만, 휴가 · 휴일까지 고려하면 266시간 차이로 벌어진다. 이를 보면, 우리나라에서 주력해 왔던 주당 근로시간과 주당 근로시간 상한 단축 요인보다 쉼과 관련된 제도 차이가 연간 근로시간에서 더 중요할 수 있음을 짐작할 수 있다.

제도 비교에서 한 발 더 나아가 OECD의 연간 근로시간 산출 방식을 원용해 노동력조사를 기반으로 연간 근로시간을 산출해 보면 휴직, 휴가, 휴업의 연간 근로시간에 대한 중대한 영향력을 확인할 수 있다. 〈표 2-30〉이 바로 그것인데, Ward et al.(2018)의 표 4.2를 인용한 것이다.

OECD에 보고할 때 국가들은 노동력조사와 사업체조사, 행정자료를 혼용해 연간 근로시간을 산출해 보고하는데, 이 표는 노동력조사만을 이용하여

〈표 2-29〉 집단적으로 교섭된 평균 연간 정규 근로시간과 법정 연차휴가일수, 법정공휴일수를 고려할 때 연간 근로시간

(단위 : 시간, 일)

	주당 정규 근로시간	연간 정규 근로시간 (가)	법정 연차휴가 일수	공휴일수 b	연차휴가 +공휴일 수 시간 환산(나)	가-나
Hungary	40	2,080	20a	9	232	1,848
Poland	40	2,080	20a	9	232	1,848
Estonia	40	2,080	20a	10	240	1,840
Lithuania	40	2,080	20a	11	248	1,832
Croatia	40	2,080	20a	12	256	1,824
Greece	40	2,080	20a	12	256	1,824
Latvia	40	2,080	-	12	256	1,824
Slovenia	40	2,080	20a	12	256	1,824
Romania	40	2,080	21	13	272	1,808
Ireland	39	2,028	20a	9	226	1,802
Bulgaria	40	2,080	24	11	280	1,800
Luxembourg	39.8	2,070	26a	9	279	1,791
Portugal	39.4	2,049	22a	12	268	1,781
Malta	40	2,080	27a	12	312	1,768
Sweden	39.8	2,070	27.4	11	306	1,764
Belgium	37.8	1,966	20a	9	219	1,746
Slovakia	39	2,029	24.9	13	296	1,733
Austria	38.75	2,015	29	12	287	1,728
Spain	38.4	1,997	22a	14	277	1,720
Italy	38	1,976	25	9	258	1,718
Netherlands	38	1,976	24.4	10	261.4	1,715
Cyprus	38	1,976	21	14	266	1,710
Czechia	38	1,976	25	12	281	1,695
Finland	37.5	1,950	25	10	263	1,688
Denmark	37	1,924	30	9	289	1,635
France	35.6	1,852	25a	9	242	1,610

〈표 2-29〉의 계속

	주당 정규 근로시간	연간 정규 근로시간 (가)	법정 연차휴가 일수	공휴일수 b	연차휴가 +공휴일 수 시간 환산(나)	가-나
Germany	35.6	1,851	30	9	278	1,574
Norway	37.5	1,950	25	9	255	1,695
United Kingdom	37	1,924	20a	8	207	1,717
EU13 평균	39.7	2,065	21.4	10.8	255.7	1,809
EU27 평균	37.8	1,966	24.5	10.3	263.2	1,703
EU14 평균	37.1	1,930	25.6	10.1	265	1,665
우리나라	40	2,080	15a	15	240	1,840

주 : a는 법정 최저연차휴가일수. b는 일요일을 제외한 공휴일. EU 13 등 평균적 통계는 국가별 고용규모를 가중치로 이용해 산출.

자료 : Eurofound(2021), Working time in 2019~2020, 〈표 2〉에 우리나라 제도를 필자 삽입.

산출한 것이다. OECD 사무국에서 벨기에, 덴마크, 그리스, 아일랜드, 이탈리아, 네덜란드, 포르투갈의 연간 근로시간을 산출하기 위해 사용하는 방법을 다른 나라에도 적용해 계산한 것이다. 따라서 각 국가가 사업체조사 등을 추가로 활용해 작성해 보고한 공식 OECD 연간 근로시간과는 차이가 있다. 통상 일시휴직은 가구조사에서 과소보고되는 경향이 있기 때문에 이 부분까지 보정된 것이며, 법정최소휴가 일수는 모두 쉰 것으로 간주된 것으로, 엄밀히 조사된 실제 휴가, 휴직일수라고 보긴 어렵다.

이 표를 통해 알 수 있는 것은 주당 실제 일한 근로시간의 차이가 야기하는 연간 근로시간 차이보다 휴가나 공휴일 등으로 인해 일하지 않은 일수의 차이가 연간 근로시간 차이에서 더 중요하다는 것이다. 이를테면, 네덜란드는 주당 34.9시간을 실근로한 것을 연간화하면 1,815시간으로, 주당 40시간 기준 2,080시간보다 265시간 덜 일을 한 것으로 나타나지만, 휴가 등으로 직장은 다니나 일은 하지 않은 기간이 연간 무려 10.9주가량 나타날 수 있어서 이것까지 고려하면 1,433시간, 즉 1,815시간에서 382시간이나 적게 일한 것이 된다.

〈표 2-30〉 연간 실제 일한 근로시간의 구성요소별 분해(full-year equivalent workers)

	연간 근로 시간 (가*나)	가*52주	평균 주당 실제 일한 근로 시간 (가)	실제 일한 주의 수 (나)	총 일 안한 주의 수 (다+라+마+바)	공휴일과 바캉스 주 환산 (다)	그 외 1주 전체 일시 휴직 (휴가) 수(라)	그 외 1주의 일부 휴직 (휴가) 환산 주수(마)	병가, 모성 휴가에 기인한 결근(바)
Austria	1,488	2,002	38.5	38.7	13.3	6.7	2.3	2.2	2.1
Belgium	1,562	1,976	38.0	41.1	10.9	6.4	0.7	1.9	1.9
Czech Republic	1,826	2,210	42.5	43.0	9.1	5.8	0.9	1.1	1.3
Denmark	1,446	1,955	37.6	38.5	13.5	6.3	2.8	2.4	2.0
Estonia	1,812	2,127	40.9	44.2	7.7	4.9	1.4	0.7	0.7
Finland	1,535	2,096	40.3	38.1	13.9	6.0	3.7	2.0	2.2
France	1,511	2,028	39.0	38.7	13.3	6.9	2.3	2.1	2.0
Germany	1,448	1,934	37.2	39.0	13.1	7.0	1.3	2.6	2.2
Greece	1,892	2,236	43.0	44.0	8.0	4.9	1.9	0.7	0.5
Hungary	1,838	2,096	40.3	45.6	6.3	5.5	0.1	0.3	0.4
Iceland	1,796	2,314	44.5	40.4	11.5	5.3	3.1	1.5	1.6
Ireland	1,579	1,908	36.7	43.0	9.0	5.6	0.6	1.4	1.4
Italy	1,641	1,960	37.7	43.6	8.4	5.7	0.6	1.2	0.9
Latvia	1,715	2,085	40.1	42.7	9.3	5.3	0.3	1.9	1.8
Lithuania	1,643	2,038	39.2	41.9	10.1	6.2	0.4	1.7	1.8
Luxembourg	1,745	2,137	41.1	42.5	9.4	5.9	1.2	1.2	1.1
Netherlands	1,433	1,815	34.9	41.1	10.9	5.4	2.0	1.9	1.6
Norway	1,369	1,976	38.0	36.0	16.0	6.0	3.3	2.9	3.8
Poland	1,832	2,205	42.4	43.2	8.8	5.2	0.7	1.5	1.4
Portugal	1,716	2,127	40.9	41.9	10.1	5.2	0.9	2.0	2.0
Slovak Republic	1,778	2,132	41.0	43.4	8.6	5.8	0.5	1.0	1.3
Slovenia	1,694	2,148	41.3	41.1	10.9	5.6	0.7	2.3	2.3
Spain	1,637	2,007	38.6	42.3	9.7	5.9	0.7	1.6	1.5
Sweden	1,465	2,090	40.2	36.5	15.6	6.4	3.1	2.7	3.4
Switzerland	1,691	2,096	40.3	42.0	10.0	5.4	2.0	1.4	1.2
Türkiye	2,220	2,496	48.0	46.3	5.7	4.4	0.4	0.6	0.3
United Kingdom	1,515	1,997	38.4	39.5	12.5	5.8	2.7	2.2	1.8
United States	1,842	2,049	39.4	46.8	5.4	2.9	0.8	1.3	0.4

주 : 주당 실제 일한 근로시간은 주된 일자리 평소 일하는 근로시간 기준으로 초과 근로 및 부업 근로시간을 고려한 것임.
자료 : Ward et al.(2018), 표 4.2.

스웨덴은 앞서 평소 근로시간이 우리나라와 별 차이 없는 것으로 나타났으나, 연간 근로시간은 1,465시간밖에 안 되는 것으로 나타난다. 〈표 2-30〉을 보면 스웨덴의 평균 주당 실제 일한 근로시간은 40.2시간이나 되어 이대로 1년 내내 일했다면 2,090시간 일한 것이 된다. 그러나 쉰 날이 무려 15.6주나 된다. 이 요인으로 인해 연간 근로시간이 겨우 1,400시간대밖에 안 되게 된다. 영국도 평소 주당 근로시간은 스웨덴보다 1.8시간 적게 나타나는 수준이어서 연간화하면 1,997시간 일한 것이 되나, 쉰 날이 무려 12.5주나 되기 때문에 1,515시간 일한 것이 되었다.

한국문화관광연구원(2023)의 근로자 휴가조사에 따르면, 우리나라 상용근로자의 사용한 휴가일수는 특별휴가 포함 13.5일이다. 근로기준법이 5인 미만 사업체에는 적용되지 않으나, 이런 상황은 고려하지 않고, 모두가 13.5일 쉬었다고 가정하고 법정공휴일 15일을 더하면 28.5일이 된다. 즉, 일주일에 5일 일한다고 가정하면 대략 6주 정도 일을 안 하는 것이 된다. 실근로시간에는 휴가, 휴직, 휴업 등으로 쉰 시간이 (매우 과소포착되어) 반영되지 않았다고 가정하면, 37.4시간(2023년 통계청 경제활동인구조사, 주+부업) 일한 것이 된다. 연간화하면 1,945시간, 6주 동안 일을 안 했다는 가정이 맞다면 240시간에 해당되므로 이를 빼면 약 1,700시간 일한 것이 된다. 이렇게 보면 40시간 52주 일했다는 가정에 따른 2,080시간과 비교할 때 실근로시간으로는 135시간, 휴가와 법정공휴일로는 이론상 240시간 단축될 수 있으므로, 우리나라도 쉼 요인이 연간 근로시간 단축에서 더 중요한 영향을 미칠 수 있다.

다만, 우리나라 수치는 단순 가정에 따른 것으로, 휴가와 법정공휴일에 쉬는 것이 연간 근로시간을 단축하는 데에서 얼마나 중요한지 보여주는 예시일 뿐이다. 근로기준법 중 휴가 규정이 5인 미만 사업체에 적용되고, 법정공휴일에 쉬는 문화가 더 자리 잡는다면, 그리고 이런 휴가와 휴일의 실제 사용이 우리나라 공식 통계들에 더 잘 반영된다면 우리나라의 연간 근로시간은 OECD 평균 수준(1,717시간)까지 감소하는 것이 가능할 수 있을 것이다.

3. 일본도 근로시간 감소에서 시간제 근로 증가와 출근일수 감소가 중요

일본의 월 총근로시간은 2004년 월 151.2시간에서 2023년 월 136.3시간으로 약 15시간가량 감소하였다. 소정 내 근로시간은 140시간에서 2023년 126시간까지 줄어든 반면, 초과근로를 의미하는 소정 외 근로시간은 10시간 내외에서 큰 변동 없이 현재까지 이어지고 있다.

흥미로운 것은 출근일수가 19.6일에서 17.6일로 줄어들었다는 것인데, 하루 8시간 기준으로 환산한다면 16시간에 해당된다. 소정 내 근로시간 감소 14.6시간보다 약간 긴 감소에 해당되는 셈이다. 사실상 소정 내 근로시간 감소분 대부분이 출근일수 감소와 관련이 있다는 의미가 되겠다. 이는 시간제 근로자의 증가 및 시간제 근로자가 더 짧은 일수 일하는 현상, 전일제 근로자의 휴가 사용의 증가, 상용근로자의 주말 근로 감소와 관련이 있을 수 있다. 그림에는 나와 있지 않지만, 일본에서 시간제가 아닌 일반 근로자의 출근일수는 2004년 20.6일에서 2023년 19.5일까지 1.1일 줄어들었으며, 시간제의 출근일수는 동 기간 16.8일에서 13.8일로 3일 감소했다. 일본의 주40시간제는 이미 1997년부터 시행되었으나, 10인 미만 기업 중 일부 업종은 1일 8시간, 주 44시간제를 운용하고 있다. 따라서 공휴일 16일을 감안, 영업일이 월 21일 내외일 것으로 생각되는데, 시간제가 아닌 일반 근로자의 근로하는 일수가 19.5일까지 떨어졌다는 것은 휴가 사용의 증대, 거의 일상적으로 주말 근로하던 사업장의 감소도 관련이 있을 수 있다.[5] 그런데, 이렇게 출근일이 줄면서 소정 내 근로시간은 감소했어도 연장근로 수준은 놀랍게도 20년간 거의 감소하지 않아, 일본 근로시간 감소에서 연장근로의 감소가 원인이라고 보긴 어렵다.

일본의 매월노동통계조사에서 시간제 고용 비중은 2004년 33.6%에서 2023년 47.5%까지 증가한 것으로 나타난다. 시간제 고용규모 증가가

---

5) 일본은 상시 10인 미만 소매, 이미용업종, 음식점업 등은 1일 8일, 주 44시간제이다. 다만, 일본은 2025년까지 연차휴가 소진율 70%를 목표로 하고 있다고 한다. 일본의 연차휴가는 최소값이 10일이지만, 평균근속연수가 10년을 넘기 때문에 후생노동성 조사에 따르면 평균적으로는 17~18일 정도가 된다고 알려져 있다.

[그림 2-11] 일본의 근로시간 변화

(단위 : 시간)

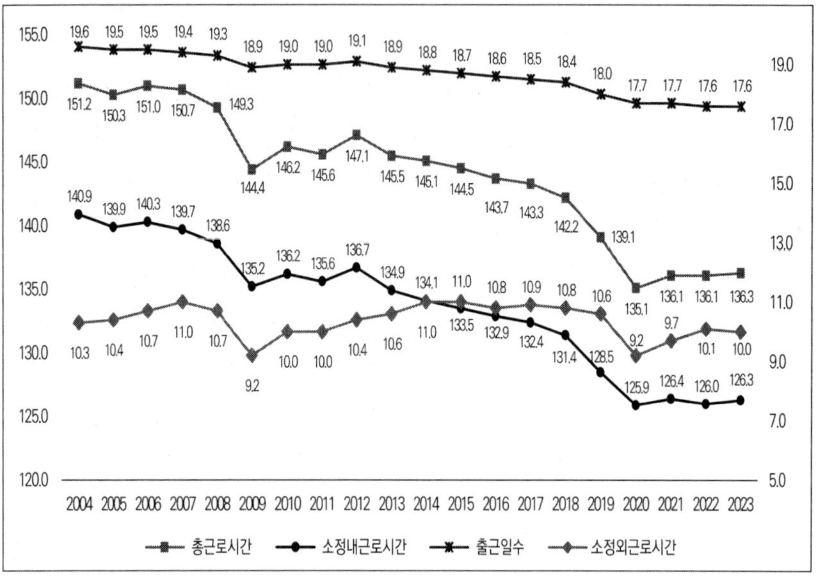

자료 : 일본 후생노동성, 「매월근로통계조사」, 각 연도. (https://www.e-stat.go.jp/stat-search/files?page=1&toukei=00450071&tstat=000001011791 (최종 검색일 : 2024. 8. 22.)

월근로시간 단축에서 중요했음을 보여주는 통계이다. 또한, 시간제는 2004년 월 95.5시간 일했으며, 16.8일 출근했으며, 2023년에는 월 79.3시간 일했고, 13.6일 출근했다. 이를 일근로시간으로 환산하면 2004년 5.7시간, 2023년 5.8시간 일한 것에 해당한다. 일근로시간에는 큰 변화가 없었으나, 과거에 비해 현재 출근일이 줄어드는 형태로 시간제 운영방식에 변화가 생기면서 출근일 감소 주도의 시간제 근로시간 감소가 나타난 것으로 보인다.

근로시간 감소를 출근일수 감소가 주도하는 현상은 우리나라도 크게 다르지 않았다. 상용근로일수가 2011년 21.7일에서 2023년 20.1일까지 1.6일 줄었는데, 이를 8시간 기준으로 환산하면 약 13시간 감소에 해당되며, 연간으로는 약 154시간 감소에 해당된다. 동 기간 상용근로자의 근로시간이 소정근로시간 약 16시간, 초과근로시간 약 3.5시간 감소했으므로, 근로일수 감소분이 상용근로시간 감소의 13시간÷19.5시간=약 2/3에 해당하는 셈이 된다.

우리나라의 월별 평균 영업일(공휴일과 주말 제외)이 2011년 20.7일에서 2023년 20.8일 정도로 변동하고 있음을 감안하면, 2011년에는 영업일보다 1일 더 길게 일했고, 2023년에는 영업일보다 0.7일 적게 일했다고 볼 수 있다. 따라서 2011~2023년 간 우리나라에서 상용의 출근일수 감소는 휴가 사용 증대 외에도 주말 근로 감소 영향도 꽤 있을 것으로 추측할 수 있다.

일본은 2004년 이래 초과근로시간이 10시간에서 변동이 없으나, 우리나라는 2011년 11.5시간에서 2023년 8시간으로 3.5시간 줄어들었다. 임시일용근로자의 근로시간은 상용근로자의 월 약 19시간 감소보다 큰 월 41시간 정도 감소했다. 사업체조사를 통해 일본과 비교한 논의를 정리하면, 일본은 휴가나 휴직, 휴일 증가로 환원될 수 있는 출근일수 감소 및 시간제 비중 증

〈표 2-31〉 사업체노동력조사로 본 근로일수와 근로시간 추이

	전체근로 일수 (일)	상용근로 일수 (일)	전체근로 시간 (시간)	상용소정 실근로시간 (시간)	상용초과 근로시간 (시간)	임시일용 근로시간 (시간)	주말, 공휴일 제외 월평균 영업일수 (일)
2011	21.2	21.7	176.6	171.4	11.5	131.1	20.7
2012	21.0	21.6	174.8	170.2	10.7	128.1	20.8
2013	20.8	21.4	172.6	168.5	10.5	123.4	20.5
2014	20.6	21.1	170.6	166.4	11.0	117.6	20.8
2015	20.7	21.3	171.5	167.9	10.8	113.7	20.6
2016	20.4	21.1	169.4	166.4	10.7	107.2	21.0
2017	20.1	20.8	166.3	163.2	10.1	104.7	20.7
2018	20.0	20.7	163.9	161.6	9.5	98.6	20.5
2019	20.0	20.7	163.1	161.3	9.1	96.0	20.5
2020	19.7	20.4	160.6	158.6	8.3	97.6	20.9
2021	19.8	20.4	160.7	158.7	8.3	99.0	21.0
2022	19.6	20.2	158.7	156.8	8.3	98.1	20.8
2023	19.4	20.1	156.2	155.6	8.0	90.0	20.8

자료 : 고용노동부, 「사업체노동력조사」.

대가 2000년대 근로시간 감소에서 중요한 역할을 하고 있는 것으로 보인다. 소정 외 근로시간이 10시간에서 변화가 없는 일본과 달리 우리나라도 출근일수 감소가 중요하긴 하지만, 이 출근일수 감소에서 일본보다는 우리나라에서 휴일근로의 감소가 더 역할을 하고 있지 않을까 생각되며, 출근일수 감소는 상용근로자 근로시간 감소의 2/3, 임시일용근로시간에서는 그보다 훨씬 작은 역할을 하고 있는 것으로 보인다. 임시일용근로자 활용은 근로시간과 고용 양면에서 감소하고 있다. 1인 이상 사업체 고용 비중이긴 하지만, 사업체노동력조사에서 임시일용 비중은 동 기간 13.6%에서 9.7%로 감소했다.

제6절 소 결

우리나라의 근로시간은 급격히 감소해서 현재는 근로자의 연간근로시간 기준으로 볼 때 미국과 연간 64시간 차이까지 좁혀졌고, 우리보다 짧았던 이스라엘보다 29시간 짧게 역전된 상태이다.

지금까지의 분석 결과로 보면, 우리나라와 유럽 간 근로시간 차이의 주요 원인은 현재 시점에서 볼 때 장시간 근로 비중 차이보다는 짧은 시간 근로하는 사람들의 비중, 쉼 관련 관행 차이에 있다고 볼 수 있다. 다시 말해 얼마나 유연하게 일하고, 보다 체계적으로 쉬는지 차이가 가장 중요한 차이라 할 수 있다.

우리나라가 과거처럼 낮은 생산성을 긴 근로시간으로 만회할 수 있던 시절로 돌아갈 수는 없다. 새로운 세대의 일하는 문화 자체가 과거 세대와는 다르며, 저출산을 극복하려면 장시간 근로문화로 복귀하는 것에 한계가 있기 때문이다. 또한, 긴 근로시간을 견디기엔 우리나라 인구의 중위연령이 이미 45세로, 초장시간 근로가 일상화되어 있던 90년대의 중위연령 20대 시대와는 크게 다른 건강상태에 있다는 점도 고려해야 한다. 이 중위연령은 6~7년 뒤에는 50세로 올라간다.

우리나라의 1인당 GDP는 21위이고, 물가차이를 고려한 PPP 환산 기준으

[그림 2-12] 지표별 생산성 순위

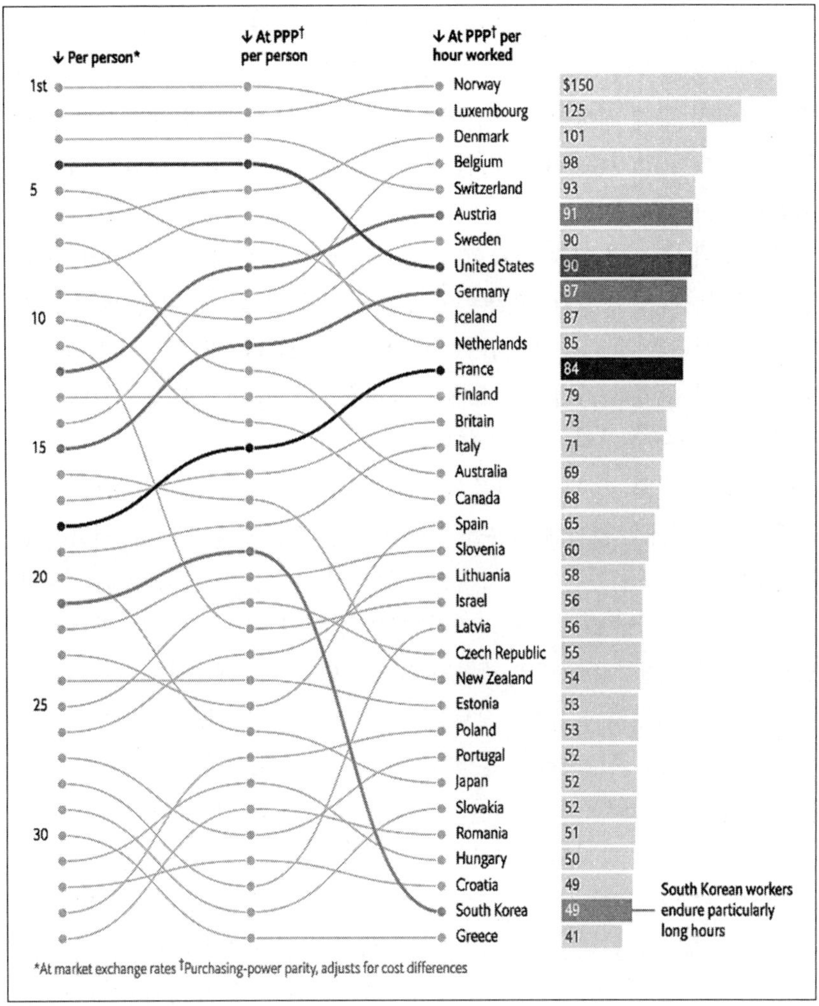

자료: *The Economist*, 2023. 10. 4호, "Productivity has grown faster in western Europe than in America"에서 인용.

로는 19위이다. 그러나 근로시간을 고려해 시간당 부가가치로 보면 33위로 하락한다. 아직도 우리나라의 근로시간 생산성이 낮기 때문에 나타난 현상이다. 이와 같이 보면, 향후 과제는 근로시간이 길어지는 것이 아니고 일이 있을 때 집약적으로 일하고 그렇지 않을 때 쉬거나, 개인의 필요에 부응하는 방식으로 근로시간을 유연하게 활용하면서 기업의 필요에도 부응할 수 있게 근로시간의 밀도를 높여 생산성을 높이는 것이다.

모두가 월~금 40시간 일하면서는 기업의 다양한 필요에 부응하기도 어렵고, 경제활동참가를 극대화할 수도 없다. 회사의 긴급한 필요에 부응하려면 때에 따라선 길게 일하거나 야간이나 주말에도 일할 수 있고, 고령자나 여성의 경제활동 참가를 증대하려면 이들의 희망에 맞춰 짧은 시간 일하는 일자리도 많아져야 한다.

이런 점에서 보면 가장 중요한 과제는 근로시간 형태의 다양화라 할 수 있다. 우리나라의 장시간 근로는 크게 축소되었고, 출산율이 높은 스웨덴, 영국에도 상당한 정도의 40시간 초과근무가 존재한다. 건강보호 전제하, 근로자의 시간 주권과 기업의 수요에 부응하는 유연성이 조화되는 형태의 제도 변화, 타협이 추구되어야 하겠다.

이를 위해 선택, 탄력근로제를 포함해 이미 선진산업국가에 일반화된 평균화 근로시간제의 활발한 활용을 막는 제한을 줄일 필요가 있다. 지금은 탄력근로의 경우 단위기간이 길어지면 근로시간 계획을 미리 내야 하는 비현실적 규제를 포함하고 있으며, 도입할 때마다 어려운 노사합의를 거쳐야 해 일시적 주문량 변화같이 미리 계획되지 않은 변화에는 대응하기 어렵다. 4장에서 다루겠지만, 보다 근본적으로는 주평균 48시간을 초과하지 않는 범위에서 탄력적으로 근로시간을 운영할 수 있도록 근로시간 단위기간을 확대 운영하는 유럽연합처럼 근로시간의 운영을 일이 많을 때 더 하고 그렇지 않을 때 충분히 쉬는 방식으로 변화시키는 것이 장기적으로 필요한 방향이다.

시간이 큰 의미 없는 업무 근로자에 대해 선진산업국가들은 다양한 형태의 예외적 제도들을 도입하고 있다. 우리나라에서는 재량근로가 그런 사례에 포함될 수 있을 것인데, 사업주가 도입하기 꺼리는 불확실성을 줄여주면서(어디까지 지시와 통제가 가능한지가 그런 예) 근로자도 지나친 성과 달성을 위해 장시간 근로에 시달리지 않을 수 있도록 안전장치를 둘 방법을 좀 더 고려한다는 전제하에 대상업무 확대를 적극 고려할 필요가 있다. 비슷한 맥락에서 화이트칼라 이그젬션도 고려대상이 될 수 있을 것이다.

유연근로 청구와 관련된 법제 도입방안도 고민해야 한다. 현재는 육아기 근로시간 단축과 가족돌봄 및 교육훈련 관련 근로시간 단축에 한정되어 있는데, 일정 기간만 활용할 수 있거나, 사업 운영에 중대한 지장을 초래하지 않으면 사업주가 수용해야만 하는 강제적 방식에 가까운 청구이다. 다만, 이렇게 강제에 가깝게 운영할 경우 일상의 기업 운영이 어려움을 겪을 수밖에 없음이 고려되어 대체인력 채용이 불가능하거나 업무 성격상 근로시간이 분할되기 어려운 경우 같은 수용하지 않아도 되는 단서조항을 추가해 현장에서는 청구가 받아들여지기 어려운 상황이다.

그런데, 청구하면 사업주가 수용해야만 하는 방식은 유럽연합도 권하지 않는 방식이다. 이보다는 청구했을 때 사업주가 수용할 수 없는 경우 대안을 가지고 협의하는 문화를 정착시키는 방식이 실질적으로 현장에서 유연근로를 점진적으로 확산시킬 수 있는 방식이다. 청구가 있으면 근로자 대표를 통해 협의하게 협의 통로를 열어 놓거나, 일본처럼 여러 대안을 가지고 사업주가 진지하게 협의하도록 하는 방식을 고민할 필요가 있다. 대상 유연근로도 근로시간 단축만이 아니라 선택근로제, 시차근로제, 재택근로제, 재량근로제 등 현행법 테두리 내에서 가능할 수 있는 다양한 형태의 유연근로로 확대를 검토해야 한다.

또한, 유연근로 없이도 40시간 틀 안에서 손쉽게 주 4~4.5일제가 가능하도록 하는 등 기업 수준에서 소소하게 다양한 근로시간제를 실험하는 데에서 기존 제도가 저해요인이 되지 않도록 개선의 여지를 찾을 필요가 있다. 이를테면, 우리나라는 별도의 유연근로 합의가 없는 한 하루 8시간을 초과하면 초과근로가 된다. 40시간 일하더라도 하루만 12시간 일했다면 4시간분의 초과근로가 발생한다는 의미가 되어 40시간제하에서 주 4~4.5일제를 하는 데에 저해 요인이 될 수 있다. 유연근로 합의를 하지 않아도 40시간 틀 안에서 주 4~4.5일제 도입이 가능하도록 하루 8시간 규제의 개선이 필요하다.

연간근로시간 축소를 위해 쉼 관련 제도개선도 필요하다. 근로시간 저축계좌제 도입, 근로시간과 휴가 조항 5인 미만 기업 점진적 확대 적용 등이 그런 예가 될 것이다. 일부 대기업이나 공공기관에만 있는 병가제도를 중소기업에서도 활용할 수 있도록 정부지원을 결합해 확산하는 것도 대안이 될 수 있다. 다만, 늘어난 휴가로 인한 기업 부담을 줄이면서 동시에 연속 휴가 활성화를 위해 현재 근로자가 휴가 날짜를 정하고 지극히 제한적으로만 사업주가 변경할 수 있게 한 시기지정권 및 변경제도를 적어도 연속 휴가에 대해서는 사업주의 협의권한을 강화하되 휴가를 소진하지 못한 기업의 사업주 책임성을 현재보다 강화하는 식으로 개편하는 방향을 검토해 볼 필요가 있다. 퇴직을 제외하면 연차휴가 금전보상을 금지하는 방안도 고려되어야 한다.

본문에서 언급은 하지 않았지만, 일가정양립 차원에서 이른 퇴근을 촉진하기 위해 근로시간 중 휴식시간 제도도 개편을 검토할 필요가 있다. 일의 속도를 근로자 본인이 일정 부분 통제할 수 있는 대부분의 화이트칼라 일자리에서 근로시간 중 휴식시간은 4시간에 30분, 8시간에 1시간처럼 최소 제한을 둘 필요가 없다. 유럽연합 국가 대부분에서 1시간이나 최소휴게시간을 두는 경우는 거의 없다고 볼 수 있다. 아래 표는 유럽연합 국가들의 6시간 이상 근로할 때 최소휴식시간 규제를 보여준다. 대체로는 6시간 이상 9시간 이하 상황에 아래와 같은 최소휴식시간 규제가 적용된다. 제조 및 건설현장의 생산직같이 충분한 휴식이 꼭 필요한 업・직종이 아닌 한 근로시간 중 최소휴게시간을 30분 이상으로 단축하여 규제하거나 현재보다 노사가 합의해 줄일 수 있는 방향으로 개선을 검토해야 한다.

보다 유연한 형태로 근로시간이 운영되려면 대화를 통해 근로자의 목소리가 반영될 수 있어야 법에 의존하는 경직적 시스템 대신 일터 수준의 자율적 시스템을 설계하는 것이 가능할 것이다. 그런데, EU 15개국과 비교할

〈표 2-32〉 EU 국가들의 근로시간 중 법정 최소휴식시간

국 가	최소 휴식시간(분)
이탈리아	10
벨기에, 키프로스, 그리스, 몰타, 네덜란드, 폴란드, 스페인	15
프랑스, 헝가리, 영국	20
오스트리아, 불가리아, 크로아티아, 체코, 에스토니아, 독일, 아일랜드, 라트비아, 리투아니아, 노르웨이, 슬로바키아, 슬로베니아, 스웨덴	30
핀란드, 포르투갈	60

주 : 아일랜드는 4시간 30분 이상 근무 시 15분, 6시간 초과 시 30분. 핀란드는 고용주와 직원이 합의하여 더 짧은 휴식 시간(30분)을 정할 수 있음.

자료 : Eurofound(2019), p.4, 표 1.

때 우리나라는 노동조합, 기타 근로자대표위원회가 존재하는 비율이 250인 이상 고용 기업에서도 절반에 못 미치는 수준으로 나타난다.

'조직 내 사안에 의견을 표명하는 경영진과의 정기적 모임이 있다'까지 포함하면 EU 15개국의 경우 2~9인조차 40%에 가깝고, 10~249인에서는 70%를 넘는 수준으로 높게 나타난다. 전체적으로는 70.5%의 사업장에 노조나 근로자대표체 또는 경영진과의 정기적 모임이 있는 것으로 나타난다. 그러나 우리나라는 이 비율이 33.4%에 불과한 것으로 집계되었다. 이와 같은 낮은 대화채널 존재는 현장에서 경영진을 믿기 어렵기 때문에 제도를 경직적으로 설계해달라는 요구를 높이는 요인이 된다. 따라서 업종마다, 기업마다, 직업마다, 개인마다 다른 상황을 유연하게 반영하기 위해 근로시간법제의 촘촘한 규제를 완화하는 제도 개혁과 병행하여 부분 근로자 대표를 포함한 근로자 대표제 정비를 추진하는 것이 필요하다.

앞서 본 것처럼 소규모 사업체에서 어떻게 근로시간, 휴가제도를 정착시킬 수 있을지도 중요한 과제이다. 그러나 우리나라의 소규모 기업 근로자 비중은 EU 15개국에 비해 기이할 정도로 높은 수준을 보이고 있다. 이와

〈표 2-33〉 EU 15개국과 우리나라의 노사 대화채널 존재

(단위 : %)

대화채널 종류	기업규모	EU 15개국		우리나라	
		있다	없다	있다	없다
노동조합, 기타 근로자대표 위원회가 있다 (가)	1인	5.4	92.4	1.9	96.6
	2~9인	10.4	86.7	2.4	97.3
	10~249인	48.7	46.5	17	82.7
	250인 이상	76.5	20.1	45.2	54.7
	전체	52.1	43.7	16.6	83.1
(가)+조직 내 사안에 의견을 표명하는 경영진과의 정기적 모임이 있다	1인	12.5	87.5	3.2	96.8
	2~9인	38.6	61.4	12.6	87.4
	10~249인	70.5	29.5	38.5	61.5
	250인 이상	88.8	11.2	64.3	35.8
	전체	70.5	29.5	33.4	66.6

자료 : 유럽 15개국 통계로 EWCS 2015, 우리나라는 근로환경조사 2020.

〈표 2-34〉 EU 15개국과 우리나라의 기업규모별 근로자 분포

(단위 : %)

기업규모 (근로자수)	전체 근로자		15~64세 근로자	
	EU 15개국	우리나라	EU 15개국	우리나라
1인	3.2	2.6	3.1	2.2
2~9인	17.8	38.3	17.6	37.8
10~249인	38.2	50.4	38.3	50.6
250인 이상	40.8	8.7	41.0	9.4
전 체	100.0	100.0	100.0	100.0

자료 : 유럽 15개국 통계로 EWCS 2015, 우리나라는 근로환경조사 2020.

같은 높은 비중으로 인해 초과근로수당 때문에 비용부담으로 이어질 근로시간의 규제와 사업체 운영 방식을 근본적으로 변화시킬 수도 있을 휴가제도 적용에서 매우 신중한 청사진이 필요하다.

근로자 시간주권이 큰 근로제도일수록 생산성이 함께 고려되어야 한다는 점을 언급하였다. 근로시간 법제 변화도 필요하지만, 근로시간 조직의 유연성을 높이려는 고용주의 노력과 이를 수용하려는 근로자의 수용성, 그리고 근로자의 시간 결정권을 수용하려는 고용주의 수용성과 대신 앞서 본 것처럼 근로자 주도 시간주권에 필수적인 성과관리를 위한 인사관리 혁신에 대한 근로자 수용성을 교환하려는 기업 수준, 사회적 수준의 노력이 필요하다는 시사점도 얻을 수 있다. 이런 맥락에서 임금 체계 개편 수월성 확보를 위한 제도개편도 함께 전향적으로 검토할 필요가 있다.

누군가의 근로시간 단축형 유연근로나 특정일을 안 나오는 형태의 유연근로는 누군가의 시간 단위 취업이나 동료의 연장근로로 귀결될 수 있어야 작동 가능하다. 누군가 취업을 위해 대기하고 있는 상황이 아니라면 상황에 따라서는 노동공급사업(파견업 등) 같은 대기인력풀을 활용할 수 있어야 하고, 경우에 따라서는 유럽 많은 국가들에서 부분적으로 발견되는 두 명 이상의 고용주가 한 명의 근로자를 공유하거나, 하나의 일자리를 두 명의 시간 단위 취업자가 공유하는 형태의 일자리 공유제도가 작동 가능해야 한다. 특히 생산직이나 서비스직에서는 이런 다양한 고용형태가 유연근로 확산을 위해 필요할 것이다. 관련하여 제도개편도 검토할 필요가 있다.

작은 규모 사업체일수록 근로시간의 형태를 다양화하기가 쉽지 않다. 그러나 고령화 사회에서 인력 활용을 위해서는 교대제를 비롯하여 유연한 근로시간 형태를 어떤 방식으로든 활용해야 하는 상황이다. 정부지원을 포함해 다양한 사례를 발굴하는 등 보다 적극적 대처가 필요하다.

제 3 장
실근로시간 파악을 위한 조사방식 개편

제1절 도 입

본 장에서는 근로시간 단축/유연화 정책의 수립과 평가, 그리고 노동투입량, 생산성, 단위노동비용 등 주요한 경제지표를 집계하는 데 매우 중요한 '실제로 일한 근로시간(actually working hours)'에 대한 정확한 실태 파악을 위한 조사/집계방식 개선방안을 살펴보고자 한다.

이를 위하여 근로시간과 각종 경제지표와의 관계, 근로시간에 대한 다양한 통계/개념, 실근로시간에 대한 국제 비교, 현행 근로시간 조사/집계방식의 비교 검토, 향후 실근로시간 파악을 위한 조사/집계방식 개편방안을 살펴보고자 한다.

제2절 근로시간 개념과 관계

1. 근로시간과 경제지표와의 관계

노동은 생산활동에서 자본과 더불어 주요한 투입요소 중의 하나이다. 생산활동에 투입된 노동투입량은 노동력의 질적 차이(숙련 수준)를 고려하지 않는다면 노동투입은 총근로시간(man-hour), 즉 취업자수(또는 근로자수)×인당 취업시간(또는 근로시간)으로 측정된다[6].

실제로 일한 근로시간은 측정상의 여러 제약에도 불구하고 근로시간을 고려하지 않은 단순한 근로자수에 비하여 노동투입량의 측정치로 보다 적합한 통계 지표가 된다[7].

근로자수에 실근로시간을 곱하여 집계되는 노동투입량과 관련하여, 노동생산성은 산출량(실질 부가가치 또는 생산량)을 노동투입량으로 나누어, 단위노동비용은 총노동비용을 노동투입량으로 나누어 집계된다.

이와 같이 노동투입량, 노동생산성, 단위노동비용 등을 집계하는 데 실근로시간은 매우 중요하다. 실제로 노동생산성, 단위노동비용 등의 산업별 또는 국제비교에서 인·시간단위로 집계된 노동투입량이 주로 활용되고 있다(OECD 생산성 비교). 이러한 근로시간, 생산성, 노동비용, 단위노동비용 등의 관계는 [그림 3-1]과 같이 도식화될 수 있다.

한편, 근로시간 및 관련 통계와 관련하여, 통계청에서는 2013년 국제노동기구(ILO) 기준[8]에 따라 일(work) 유형 중에서 임금 또는 이윤을 위한 일(취업: employment)을 대상으로 취업자수 및 취업시간을 집계한다. 노동생산성은 한국은행이 집계한 실질부가가치(2008년 국제연합(UN)의 국민계정체

[그림 3-1] 근로시간 및 관련 지표와의 관계

총노동투입량(e · h) = 취업자수(e) × 인당 취업시간(h)
(노동)생산성(Pro) = 실질부가가치(y) / 총노동투입량(e · h)
단위노동비용(ulc) = 총노동비용(e · h · w) / 총노동투입량(e · h)
w : 임금 등 시간당 노동비용

자료 : 이인재 외(2017), 『고용·노동통계 프레임워크 작성 및 국가주요지표 체계 진단 연구』, 통계개발원, pp.71~72.

---

6) 이하에서 취업시간은 임금 및 비임금근로자 모두를 포함하는 전체 취업자의 취업시간, 근로시간은 임금근로자만의 취업시간으로 표기한다.
7) 이에 대해서는 한국은행(2002), 『OECD 생산성 측정 매뉴얼』, p.50.
8) ILO(2013), Statistics of Work and of the Labour Force, ILO, Department of Statistics.

[그림 3-2] 일의 유형(ILO)과 SNA와의 관계

<table>
<tr><td>생산 목적</td><td colspan="2">자신의 최종사용</td><td colspan="6">타인에 의한 사용</td></tr>
<tr><td rowspan="2">2013
일(work)유형</td><td colspan="2">자가 생산일</td><td rowspan="2">취업
(임금 또는 이윤을 위한 일)</td><td rowspan="2">기타일</td><td colspan="3">자원 봉사일</td></tr>
<tr><td>서비스</td><td>재화</td><td>시장 및 비시장 단위</td><td>재화</td><td>서비스</td></tr>
<tr><td rowspan="2">2008
국민계정체계
(SNA)와 관계</td><td></td><td colspan="5">SNA 생산 경계</td><td></td></tr>
<tr><td colspan="7">SNA 일반생산 경계</td></tr>
</table>

자료 : 통계청(2024), 『경제활동인구조사 지침서(외부용)』, p.18.

계 기준)를 고용노동부(근로시간) 및 통계청(취업자수 및 취업시간)의 자료를 결합한 노동투입량으로 나누어 집계한다.

2. 근로시간에 대한 다양한 개념

2008년 ILO에서 권고된 근로시간 개념/체계와 2008년 UN에서 권고된 국민계정체계(SNA)에서 생산적 활동에 투입되는 모든 시간을 적절하게 집계한다. 이들 통계작성 지침들은 각국의 필요와 여건을 고려하면서 다양한 통계이용자들에게 적합한 통계적 기반을 제공하고 있다.

가. 2008년 근로시간 체계

우선, 이 체계에서 근로시간은 거시경제통계의 국제기준인 2008년 국민계정체계에서 정의된 바와 같이 일반적인 생산의 범위에 포함되는 생산적 활동과 관련해서 집계된다. 즉 해당 재화와 서비스의 생산에 소요된 시간은 대가(=임금, 노동보수 등)의 지불 여부와 상관없이 근로시간에 포함된다. 또한 근로시간은 해당 활동의 합법성이나 계약상의 합의 여부 또는 행위자의 연령 등을 고려하지 않고 집계된다.

다음으로, 근로시간 개념은 모든 근로자에 적용되며 통계적 목적으로 측정되는 것으로 각국에 특정된 행정적, 법적인 개념과 독립적으로 정의된다. 또한, 예전에는 주로 공식경제에서 임금근로자에 대해서만 근로시간이 정의되었으나 새로운 체계에서는 임금근로자 외에 자영업자 및 무급가족종사자나 무급가사서비스 및 자원봉사 수행자를 포괄하고 있다.

나. 2008년 근로시간 개념

2008년 근로시간체계에서는 일곱 가지 근로시간 개념을 제시하고 있다.

[그림 3-3] ILO의 근로시간 개념틀

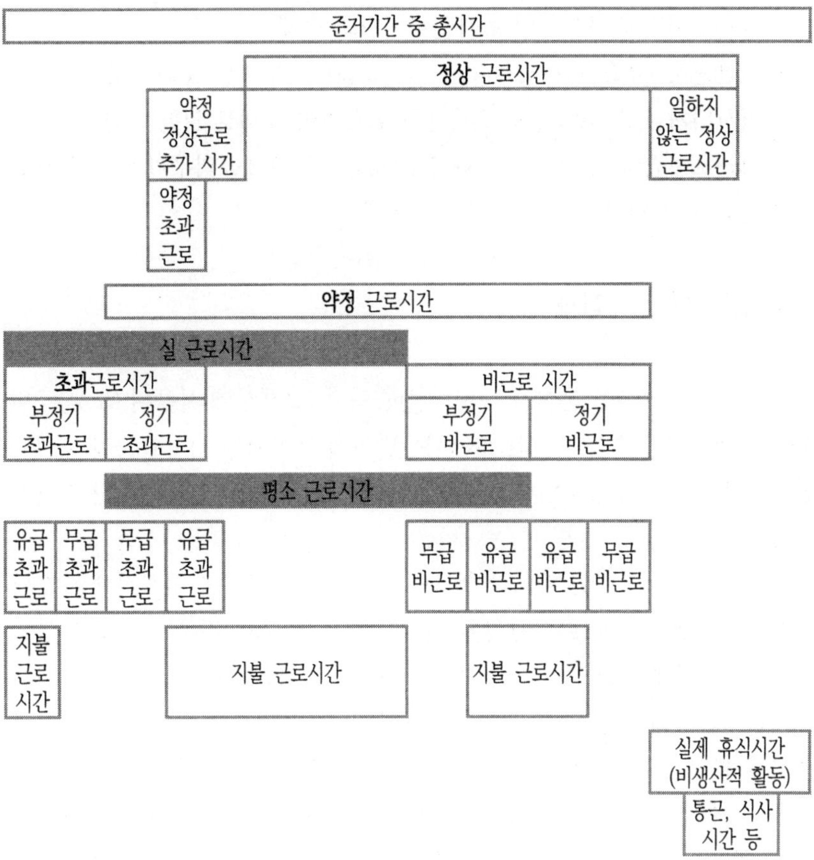

주 : 음영 부분은 모든 임금 및 비임금근로자에게 적용.
자료 : ILO(2008b), p.14, 그림 4.1.

이를 간략하게 살펴보면 다음과 같다.

① 실근로시간(hours actually worked)은 재화 및 서비스를 생산하기 위하여 실제로 일한 시간

② 지불근로시간(hours paid for)은 임금 또는 노동보수를 지급받은 시간으로 유급 휴일/휴가 수당이 지급된 시간을 포함

③ 정상근로시간(normal hours of work)은 법, 단체협약/취업규칙 등에 일하기로 규정된 시간

④ 약정근로시간(contractual hours of work)은 근로계약 등에서 일할 것으로 기대되는 시간

⑤ 평소근로시간(hours usually worked)은 평소 실제로 일한 시간으로 정상근로시간에 규칙적인 초과근로시간의 합계

⑥ 초과근로시간(overtime hours of work)은 계약상 초과근로시간으로 명시되거나 소정(약정)근로시간을 초과하여 실제로 일한 시간

⑦ 비근로시간(absence from work hours)은 근로제공의무가 있는 근로일에 실제로 일하지 않은 시간을 말한다.

다. 실근로시간의 집계

일반적으로 생산성 분석은 주어진 산출량과 그 생산에 사용된 (노동)투입량을 연계시키는데, 산출량은 SNA생산범위에 포함되는 생산활동에 대하여 집계되기 때문에 노동투입량도 해당 생산활동과 관련된 실근로시간이 가장 적합하다.

따라서 실근로시간은 SNA의 생산범위에 속하는 활동을 직접적으로 수행하거나(direct hours) 그와 관련된 시간(related hours), 직무에 바로 투입될 수 있지만 내재적 요인이나 일시적 장애로 생산활동이 일시 정지된 시간(down time), 짧은 휴식시간(resting time) 등을 포함한다. 다만 실근로시간에서 공휴일, 휴가, 식사시간, 출퇴근시간, 직무훈련의 범위를 넘는 교육시간 등은 제외된다. 실근로시간에 포함되는 네 가지 시간을 살펴보면 다음과 같다. 첫째, 업무를 직접 수행한 직접적인 시간(direct time), 둘째, 업무수행활동의 유지 · 촉진 · 향상을 위하여 사용된 관련된 시간(related time), 셋

째, 재난/재해 등에 따른 일시적인 작업 중단에 따른 일시정지 시간(down time), 넷째, 다과시간, 기도시간 등 단시간의 휴식이나 원기 회복을 위한 휴식시간(resting time) 등이다.

각국 통계당국은 이러한 국제기구의 지침에 맞추면서, 각국의 필요와 여건을 고려하면서 다양한 통계이용자들에게 적합한 조사통계를 실시하고, 이를 분석한 통계를 공표하고 있다.

라. 노동관계법에서 근로시간 개념

'근로시간'이라 함은 근로자가 사용자의 지휘·감독(명시적이거나 묵시적이거나 모두) 아래 종속되어 있는 시간, 즉 노동력을 사용자의 처분 아래에 둔 실구속시간을 의미한다(고용노동부 홈페이지). 그리고 근로기준법에서 '법정근로시간'(제50조)은 1주(일) 간의 근로시간은 휴게시간을 제외하고 40시간(8시간)을 초과할 수 없다. '연장근로시간'(제53조)은 당사자가 합의로 1주간에 12시간 한도로 법정근로시간을 연장할 수 있다. 그리고 '소정근로시간'(제2조)은 각종 법정근로시간의 범위에서 근로자와 사용자가 정한 시간으로 규정되어 있다.

제3절 연간 실근로시간 국제비교

비록 실근로시간은 주간, 월간, 연간 등으로 다양한 기준으로 집계될 수 있지만, 국제비교에서는 조사대상시간인 특정한 주 또는 월보다는 이를 연간 자료로 전환한 연간 통계가 일반적으로 이용되고 있다.

1. 연간 실근로시간 추정방식

각국에서 연간 실근로시간을 추정하는 방법은 크게 ① 조사통계에 응답된 주당 실근로시간을 연간 실근로시간으로 전환하는 직접법(direct method), ② 실근로시간 이외에 다른 개념의 근로시간으로 응답된 조사/행정통계에 비근로시간, 초과근로시간 등을 조정하여 연간 근로시간을 추정하는 항목법(component method)이 대표적이다. 이를 살펴보면 다음과 같다.

우선, 직접법(direct method)은 연간 52주 전체에 대한 연속조사(continuous survey)에서 조사된 주당 실근로시간을 이용하여 연간 실근로시간을 집계하거나 또는 매월 특정한 주에 대한 불연속조사(non-continuous survey)에서 집계된 주당 실근로시간에 공휴일수 등을 차감한 연간 주수를 곱하여 연간 실근로시간을 추정한다. 이는 주로 노동력조사(LFS)를 이용하여 실근로시간을 추정하는 경우에 해당한다.

다음으로, 항목법(component method)은 여러 조사 및 행정통계에서 수집된 소정근로시간, 지불근로시간, 평소근로시간에 비근로시간(휴일, 연가, 병가, 출산휴가) 및 초과실근로시간을 조정하여 연간 실근로시간을 추정하기도 한다. 주로 미국 노동통계국의 사업체조사(CES), 유럽연합 통계청의 임금구조조사(SES) 등을 이용하여 실근로시간을 추정하는 경우에 해당한다.

특히 항목법의 일종으로 간주되는 Ward et al.(2018)의 연구에서는 주당 실근로시간에 연간 비근로시간 주수를 뺀 연간 실근로주수를 곱하여 연간 실근로시간을 추정하고 있다. 분석결과에 따르면 2016년 현재 28개국의 평균 연간 실근로시간은 1,667시간인데, 이는 주당 실근로시간 40.0시간에 연간 실근로주수 41.6을 곱하여 집계된다.

2. 한국의 OCED 보고 : 연간 실취업/근로시간

우리나라는 OECD에 연간 실취업시간(전체 취업자 대상) 및 실근로시간(임금근로자 대상) 통계를 제공하고 있다. OECD에 제공되는 실근로시간 통계는 사업체노동력조사의 조사대상 확대(5인 이상→1인 이상)를 반영한 시계열적 단절 이외에 큰 변화가 없다. 그러나 실취업시간 통계는 이전에는 경제활동인구조사의 매월 조사대상주간의 주당 실취업시간에 취업시간에 따른 전업환산취업자를 가중평균 하여 추정하였으나, 최근에는 사업체노동력조사를 기본으로 활용하고 경제활동인구조사 자료를 보완적으로 활용하여

2008년까지 소급하여 추정한 자료를 OECD에 제공하고 있다.

가. 연간 취업시간(취업자) 추정

개편된 연간 실취업시간 집계방법은 〈표 3-1〉과 같다. 우선, 기준집단은 '전규모 × 전산업(산업대분류 A, O, T, U 제외) × 상용근로자'이다. 기준집단인 ①상용근로자의 경우 고용노동부의 사업체노동력조사 결과를 적용한다. 다음으로, 기준집단 이외의 집단인 ②~⑤의 취업시간은 집단 ①의 근로시간에 경제활동인구조사의 집단 ① 대비 각 집단의 취업시간 상대비율을 곱하여 추정한다. 보다 구체적으로 집단 ②의 취업시간은 '집단 ①의 근로시간(자료 : 사업체노동력조사) × [(집단 ②의 취업시간) ÷ (집단 ①의 취업

〈표 3-1〉 연간 실취업시간 추정을 위한 집단구분(통계청)

	임금근로자		비임금근로자	
전체 산업 (A, O, T, U 제외)	① 상용	② 임시 · 일용	④ 자영업자	⑤ 무급 가족종사자
A, O, T, U	③ 임금근로자			

주 : 산업대분류 A : 농림어업, O : 공공행정, T : 가사서비스업, U : 국제 및 외국기관.
자료 : 저자 작성.

[그림 3-4] 전체 취업자/임금근로자의 연간 실근로시간 추이

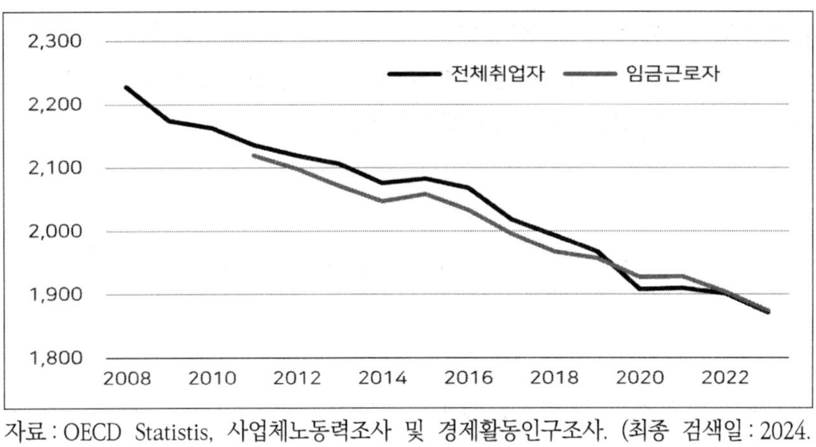

자료 : OECD Statistis, 사업체노동력조사 및 경제활동인구조사. (최종 검색일 : 2024. 11. 8.)

시간)](자료 : 경제활동인구조사)'로 산정한다. 이와 같은 방식으로 각각의 집단별 월평균 취업시간을 산정한 뒤, 이를 취업자수로 가중평균 하여 전체 집단의 월평균 취업시간을 집계하고 여기에 12를 곱하여 연간 실취업시간을 추정한다.

이와 같은 방식으로 추정되어 OECD에 보고된 2023년 연간 실취업시간은 1,872시간이다. 시계열적으로 보면 연간 실취업시간은 2008년 2,228시간, 2018년 1,993시간, 2023년 1,872시간 등으로 그동안의 근로시간 단축/유연화 정책 등에 따라 단축되어 왔다.

나. 연간 근로시간(임금근로자) 추정

전체 임금근로자에 대한 연간 실근로시간은 매월 연속조사인 사업체노동력조사의 월평균 근로시간을 12배 하여 추정하고 있다. 물론 그동안 매월노동통계조사, 임금근로시간사업체조사, 사업체노동력조사 등으로 조사명칭이 변경되었고, 1999년 이후 5인 이상, 2011년 이후 1인 이상 등으로 조사대상이 확대되어 왔다. 2011년 이후에는 1인 이상 민간사업체의 전체 근로자에 대한 연간 실근로시간을 OECD에 제공하고 있다.

참고로, OECD에 보고된 전체 임금근로자의 2023년 연간 실근로시간은 1,874시간인데 이는 월평균 근로시간 156.2시간을 12배 한 수치이다. 연간 실취업시간은 2011년 2,119시간에서 2017년 1,996시간, 2023년 1,874시간 등으로 단축되어 왔는데, 흥미로운 사실은 연간 취업시간과 연간 근로시간의 격차로 2019년 이전까지는 연간 취업시간이 연간 근로시간보다 길었는데, 2020년 이후에는 역전되어 나타나고 있다.

제4절 실근로시간 조사통계 리뷰

앞서 살펴본 바와 같이, OECD에 보고되는 연간 실근로시간을 추정하는데 이용되는 원자료는 고용노동부의 사업체노동력조사 및 통계청의 경제활동인구조사이다. 그리고 고용노동부의 고용형태별근로실태조사는 월간 실근로시간에 대한 또 다른 자료이다. 이하에서는 이들 조사통계에서 실근로시간을 어떻게 조사/집계하고 있는가를 살펴보고, 향후 연간 실근로시간을 보다 정확하게 파악하기 위한 개선방안을 도출하고자 한다.

1. 사업체노동력조사

가. 조사개요

이 조사의 목적은 노동수요(사업체) 측의 관점에서 종사자수, 빈 일자리 수, 입직자 및 이직자 수와 임금 및 근로시간에 관한 사항을 매월 조사하여 고용노동정책의 기초자료로 활용하는 데 있다. 조사대상(근로실태 부문)은 비농 전산업[9]의 상용 1인 이상 약 1만 3천 개 표본사업체이고 조사대상기준은 매월 급여계산기간이다.

근로시간 관련 조사항목은 3. 임금및근로시간에 관한 사항에서 근로일수는 ① 소정(의무)근로일수(취업규칙, 단체협약 등에서 근로하기로 정한 근로일수 총계), ② 출근하지 않은 일수(소정근로일수 중 결근, 병가, 휴가, 공무행위 등), ③ 휴일근로일수(소정근로일 이외의 날에 출근하여 1시간이라도 근무한 일수), 근로시간은 ① 소정근로시간(소정근로일에서의 정규업무시간(휴게시간 제외)), ② 초과근로시간(소정근로시간 이외 '실제로 근로한' 연장·휴일근로시간) 등이다.

이 조사의 응답단위는 개별 근로자가 아닌 상용 및 임시·일용근로자 등 근로자집단이다. 단, 임시·일용근로자 집단은 근로일수 및 근로시간이 세분되어 조사되지 않는다.

나. 조사의 장단점

사업체노동력조사는 표본사업체를 매월 조사하는 실근로시간에 대한 연

9) 농림어업(A), 공공행정(O), 가사서비스업(T), 국제 및 외국기관(U)은 조사대상 제외로, 이는 〈표 3-1〉과 동일하다.

속조사(continuous survey)로 다른 비연속적인 조사통계(예; 경제활동인구조사, 고용형태별근로실태조사 등)에 비하여 실근로시간을 파악하는 데 가장 적합한 조사통계이다. 실제로 이 조사통계는 국내의 노동투입량, 노동생산성 추정에서 가장 기본적으로 활용되고 있다.

그러나 이 조사는 비농 민간부문에 한정된 조사대상의 제약 이외에 실근로시간에 대한 정확한 실태를 파악하는 데 다음과 같은 부분적인 응답 또는 집게 오류가 발견되고 있다.

첫째, 소정근로시간에 대하여 실근로시간뿐만 아니라 정상, 지불근로시간도 응답되고 있다. 물론 소정근로시간은 조사표 작성요령에 '소정근로일에 업무개시와 종료시각 사이 근로시간의 총수를 기재합니다(휴게시간 제외)'라고 되어 있다. 그러나 본 연구에서 병행한 2024년 하반기 두 차례에 걸친 급여담당자를 대상으로 한 집단면접조사 및 보고된 조사통계 검토에 따르면 소정근로시간에 세 가지 개념의 근로시간, 즉 실제로 근로한 실근로시간, 취업규칙, 단체협약 등에서 근로하기로 규정한 (정상근로)시간(예: 174시간), 임금을 지급하기로 규정되어 있는 지불근로시간(예: 209시간) 등으로 다양하게 나타나고 있다[10].

둘째, 소정근로일에 일하지 않은 '출근하지 않은 일수'를 고려하여 실근로시간을 집계하는지 명확하지 않다. 출근하지 않은 일수는 조사표 작성요령에 '소정근로일수 중에 결근, 병가, 공무행위, 연・월차 휴가, 생리휴가, 산전・후 휴가, 하계휴가, 경조사, 산재휴업기간, 쟁의행위기간 등의 사유로 근로를 제공하지 않은 날의 총 일수의 총계를 기재합니다'라고 되어 있다.

그런데 만약 응답된 소정근로시간이 소정근로일의 일하지 않은 시간을 차감하지 않은 정상근로시간이라면, 응답된 수치는 실근로시간을 과대평가하게 된다. 역으로 응답된 소정근로시간이 실근로시간이라면 근로일의 일하지 않은 시간을 차감하면 실근로시간은 과소평가된다.

10) 우리나라와 마찬가지로 다른 국가에서도 사업체조사에 따른 근로시간에 실 및 정상근로시간과 더불어 급여산정기준 시간, 즉 지불근로시간이 보고되기도 한다.

2. 고용형태별 근로실태조사

가. 조사개요

이 조사의 목적은 고용형태별(정규직, 비정규직) 근로자의 근로조건에 관한 실태를 인적 · 사업체 속성별로 조사하여 비정규직 보호대책 등 정책수립, 근로기준 및 노사정책 등 정책 개선 · 개발의 기초자료로 활용하는 데 있다. 조사대상은 임금근로자 1인 이상(특수형태종사자 포함) 약 3만 3천 개 표본사업체, 추출 표본근로자 약 99만 명이고, 조사대상기준은 각 연도 6월 급여계산기간이다.

근로시간 조사항목은 소정실근로일, 휴일실근로일 등 근로일 이외에 ① 소정실근로시간(사업체의 취업규칙 등으로 정한 소정근로일에 정상적인 업무 개시시각과 종료시각과의 사이에 실제로 근무한 시간), ② 초과실근로시간(임금지급여부와 관계없이, 소정근로시간 이외의 시간(연장근로시간, 휴일근로시간)에 실제로 근무한 시간), ③ 휴일실근로시간(초과근로시간 중 소정근로일이 아닌 휴일에 실제로 근무한 시간) 등이다.

이 조사의 응답단위는 앞서 살펴본 사업체노동력조사의 상용 및 임시 · 일용근로자 등 근로자집단이 아닌 개별 근로자이지만, 임금대장에 기록된 개별 근로자의 관련 자료를 급여담당자가 대리 응답하고 있다.

나. 조사의 장단점

고용형태별근로실태조사는 개별 근로자의 임금, 근로시간, 고용형태 등 각종 근로조건을 조사한 대규모의 조사통계로, 각종 연구, 정책수립 · 평가에 중요한 분석자료로 활용되고 있다.

그러나 이 조사는 조사대상이 비농 민간부문에 한정되고, 조사대상기간이 특정 월(최근 6월)에 한정되어 근로시간이 불연속적으로 조사된다. 그뿐만 아니라 실근로시간에 대한 정확한 실태를 파악하는 데 다음과 같은 부분적인 응답 오류가 발견되고 있다.

소정실근로시간에 대하여 실근로시간 이외에 정상, 지불근로시간이 응답되고 있다. 물론 소정실근로시간은 조사표 작성요령에 '사업체의 취업규칙 등으로 정한 소정근로일에 정규적인 업무 개시시각과 종료시각 사이에 실제로 근로한 시간'으로 되어 있다.

그러나 2023년 고용형태별근로실태조사 분석결과에 따르면 소정실근로시간은 평균 151.2시간이지만, 분포는 168시간 미만이 35.0%, 168시간 이상~209시간 미만 62.9%, 209시간 이상 2.1% 등으로 나타나고 있다.[11)]

이러한 분석결과는 비록 고용형태별근로실태조사에서 실제로 근로한 시간을 기준으로 소정실근로시간으로 응답하라고 되어 있지만, 실제에서는 사업체노동력조사와 마찬가지로 실제로 근로한 시간, 취업규칙, 단체협약 등에서 근로하기로 규정한 시간, 임금을 지급하기로 규정되어 있는 시간 등으로 다양하게 대리 응답되고 있음을 반영한다.

3. 경제활동인구조사

가. 조사개요

이 조사의 목적은 국민의 경제활동, 즉 국민의 취업, 실업 등과 같은 특성을 조사하여 거시경제 분석과 인력자원의 개발 정책 수립에 필요한 기초 자료를 제공하는 데 있다. 조사대상은 만 15세 이상인 자(약 3만 6천 표본가구의 표본수 약 5만 8천 명)이고, 조사대상기간은 매월 15일이 포함된 1주간(일요일~토요일)이다.

근로시간 조사항목은 실제 취업시간 및 평소 취업시간인데, 구체적으로 보면 준비조사 때에 배포된 보조조사표에 1주간 일별 실근로시간 및 1주간 평소근로시간(1주)을 기록하고, 이를 응답하도록 되어 있다[12)].

이 조사의 응답단위는 비록 경제활동인구조사가 가구조사이지만 15세 이상 가구 구성원이다. 비록 타 가구원에 의한 대리응답이 있지만, 가구원수의 감소에 따라 그 정도는 낮고 또한 낮아지고 있다.

---

11) 2023년 6월의 소정근로일은 공휴일인 현충일을 제외하면 21일이기 때문에, 소정실근로시간은 월간 168시간을 상회하기 어렵다.

12) 경제활동인구 보조조사표는 〈표 3-2〉 참조.

〈표 3-2〉 경제활동인구조사 보조조사표(2024년 8월분 예시)

일련번호		일한 시간								
		11일 일요일	12일 월요일	13일 화요일	14일 수요일	15일 목요일	16일 금요일	17일 토요일	총계	평소
1	주업: 부업:									
2	주업: 부업:									
3	주업: 부업:									
4	주업: 부업:									

자료 : 통계청(2024), 『경제활동인구조사 지침서(외부용)』, p.80.

나. 조사의 장단점

경제활동인구조사는 노동공급 및 수요 실태에 대한 기초적인 정보를 다른 조사통계에 비하여 시의적절하게 조사 · 공표하고 있다.

이 조사의 장점은 실제로 일한 시간을 파악하기 위하여 보조조사표(표 3-2 참조)의 사전 배포/작성(일별) 및 본조사 응답(주간)으로 기억에 따른 오류를 최소화할 수 있다는 데 있다. 그리고 조사표 작성요령에서도 ① 실제 취업시간 결정기준으로 자기 직무를 다하기 위하여 보낸 시간, 정규근무시간 이외 초과근무시간, 가족이 경영하는 농업, 상점 등의 일을 도운 시간, 조사대상주간 중 실제 근무한 시간 등이며, ② 취업시간에 포함되지 않는 사례로 식사, 통근소요시간, 사적 용무를 본 시간, 집안일(가사)에만 종사한 시간, 타인을 위해 자발적인 무보수 봉사와 같은 활동에 종사한 시간 등으로 구체화되어 있다.

그러나 실근로시간에 대한 불연속조사로 15일이 포함된 조사대상기간(일요일~토요일)에 공휴일 등 휴무일 포함 여부에 크게 영향을 받기 때문에 연간 근로시간을 추정하는 데 한계가 있다. 또한 실제 취업시간과 더불어 조사되고 있는 평소 취업시간에 대한 원자료뿐만 아니라 분석결과도 제공되고 있지 않다[13].

제5절 실근로시간 집계/조사 방식 개편

앞서 살펴본 바와 같이, 연간 실근로시간을 추정하는 데 이용되는 원자료인 고용노동부의 사업체노동력조사와 통계청의 경제활동인구조사는 각각 불명확한 소정실근로시간, 불연속적인 주간 조사 등의 한계를 지니고 있다. 이하에서는 이러한 한계점을 완화시키기 위한 개선방안을 살펴보고자 한다.

1. 실근로시간의 명확화

사업체조사인 사업체노동력조사, 고용형태별근로실태조사 모두 사업체조사(establishment survey)의 특성상 다른 국가들과 마찬가지로 실근로시간을 조사한다고 하더라도 실근로시간과 더불어 '급여산정기준' 시간이 조사표 작성요령과는 관계없이 응답되는 경향성이 있다.

특히, 통계조사표에서 고용형태별근로실태조사에서는 소정실근로시간, 초과실근로시간으로 되어 있으나, 사업체노동력조사에서는 소정근로시간, 초과근로시간으로 되어 있다. 물론 사업체노동력조사의 초과근로시간은 조사표 작성요령에 '실제로 근로한' 시간으로 되어 있지만, 소정근로시간은 휴게시간을 제외한 업무 개시와 종료 시각 사이의 근로시간으로 되어 있다.

그리고 근로일수 조사항목 중의 하나로 소정근로일에 결근, 병가, 공무행위, 연·월차 휴가, 생리휴가, 산전·후 휴가, 하계휴가, 경조사, 산재휴업기간, 쟁의행위기간 등의 사유로 근로를 제공하지 않은 시간은 일수로 환산되어 '출근하지 않은 일수'로 되어 있다.

따라서 실근로시간을 정확하게 집계하려면 ① 소정이 아닌 소정실근로시간으로 응답하도록 하든지, ② 현재의 소정근로시간에서 '출근하지 않은 일수'의 시간을 차감하고 집계하여야 할 것이다. 그렇지만 ②의 방식도 여

13) 평소 취업시간 정보는 월간, 나아가 연간 취업시간 추정에 보다 귀중한 정보를 제공할 수 있으므로 공개가 요망된다.

〈표 3-3〉 사업체노동력조사 조사표 개편 방안

근로일수			근로시간	
소정(의무) 근로일수	출근하지 않은 일수	휴일근로 일수	소정근로 시간	초과근로 시간
* 취업규칙, 단체협약 등에서 근로하기로 정한 근로일수 총계	* 소정근로일수 중 결근, 병가, 휴가, 공무행위 등	* 소정근로일 이외의 날에 출근하여 1시간이라도 근무한 일수	* 소정근로일에서의 정규 업무시간(휴게시간 제외)	* 소정근로시간 이외 실제로 근로한 연장·휴일 근로시간

↓

근로일수		근로시간		
소정(규정) 근로일수	휴일 실근로일수	소정(규정) 근로시간	비근로시간	초과 실근로시간
* 취업규칙, 단체협약 등에서 근로하기로 정한 근로일수	* 취업규칙, 단체협약 등에서 근로하기로 정한 근로일수	* 취업규칙, 단체협약 등에서 근로하기로 정한 근로일수	* 소정근로일에 휴가, 지각/조퇴 등으로 근로하지 않은 시간	* 소정근로시간 이외 실제로 근로한 연장·휴일 근로시간

자료 : 저자 작성.

전히 응답자의 혼선을 초래할 수 있기 때문에 위와 같이 조사표를 개편하는 방안이 보다 타당할 것이다. 그리고 조사표 개편 이전에도 소정근로시간에서 비근로시간을 차감한 시간을 소정실근로시간으로 집계하여야 할 것이다.

2. 보조조사표 조사기간의 확대

가구조사인 경제활동인구조사는 매월 15일이 포함된 조사대상주간의 실제 취업시간 및 평소 취업시간을 사전 배포한 보조조사표에 기재(실제 취업시간은 매일, 평소 취업시간은 1주)하고 이를 본조사에서 응답하도록 되어 있다.

이러한 방식의 근로시간 조사는 본조사 이전에 사전에 배포되고 1주간의 짧은 기간에 대하여 실시되기 때문에, 대리응답 이외에 흔히 지적되는 기억 오류는 크지 않다. 또한 사업체조사에서 종종 발생하는 지불근로시간으로 오염된 응답 오류는 크지 않다. 다만, 연간 12개 주의 불연속조사로 연간 근로시간을 추정하는 데 한계가 있다.

따라서 현재 실시되고 있는 취업시간에 대한 주간 조사를 조사대상주간을 포함한 월간 조사로 가구원 개인별로 전환하여 보조조사를 실시할 필요가 있다. 만약 월간 조사가 제대로 진행된다면, 경제활동인구조사를 굳이 연속조사로 전환하지 않고 이 분석결과를 활용하여 연간 근로시간을 추정

〈표 3-4〉 경제활동인구조사 보조조사표 개편 방안(2024년 8월 예시)

	일한 시간								
	11일	12일	13일	14일	15일	16일	17일	총계	평소
	일요일	월요일	화요일	수요일	목요일	금요일	토요일		
주업: 부업:									

⬇

	일한 시간								
	일요일	월요일	화요일	수요일	목요일	금요일	토요일	총계	평소
주업: 부업:					1일	2일	3일	총계	평소
주업: 부업:	4일	5일	6일	7일	8일	9일	10일	총계	평소
주업: 부업:	11일	12일	13일	14일	15일	16일	17일	총계	평소
주업: 부업:	18일	19일	20일	21일	22일	23일	24일	총계	평소
주업: 부업:	25일	26일	27일	28일	29일	30일	31일	총계	평소

자료 : 저자 작성.

할 수 있게 된다.

아울러 조사되고 있지만 공개되고 있지 않은 평소 근로시간에 대한 원자료를 공개하여 월간 또는 연간 근로시간 추정을 위한 연구가 활성화되어야 할 것이다.

3. 시범조사 및 분석결과

앞서 살펴본 근로시간에 대한 조사방식 개편 방안이 현실적으로 가능한가를 살펴보기 위하여, 본 연구에서는 우선, 기업의 급여담당자를 대상으로 집단면접조사(FGI)를 실시하고, 다음으로, 가구조사를 통한 월간 실근로시간을 조사하기 위한 설문조사를 시범적으로 실시하였다. 집단면접조사 및 설문조사의 주요 내용은 다음과 같다.

가. 집단면접조사

우선, 기업의 급여담당자를 대상으로 한 집단면접조사는, 고용노동부의 사업체조사(사업체노동력조사, 고용형태별근로실태조사)의 주된 조사항목인 근로시간에 대한 조사표 작성요령을 정확하게 이해하고, 응답하고 있는지를 살펴보기 위하여 7월 23일 및 8월 9일에 걸쳐 전체 12개 기업의 급여담당자를 대상으로 실시하고, 당일 미흡한 부분에 대해서는 참석한 개별 기업과 질의 및 회신을 통하여 보충하였다.

집단면접조사에서 관찰된 주요한 내용은 다음과 같다. 첫째, 법정 또는 약

〈표 3-5〉 근로시간 집단면접조사 대상

(단위 : 개소)

	제조업	비제조업
~99인	2	4
100~299인	2	1
300인 이상	2	1

자료 : 저자 작성.

정 유급휴가는 기록되고 있지만 매월 지급되는 급여에는 영향을 미치지 않기 때문에 지불근로시간이 실근로시간인 것처럼 보고되고 있다. 물론 사업체노동력조사에서는 유급휴가에 따른 비근로시간 이외에 산업재해 및 노동쟁의행위에 따른 비근로시간 등도 '출근하지 않은 일수'로 환산하여 보고하도록 되어 있다. 이와 더불어 고용형태별근로실태조사의 소정 및 초과, 사업체노동력조사의 초과근로시간 모두 실제로 근무한 시간으로 '실'이 포함되어 있지만, 사업체노동력조사에서 소정근로시간은 '소정근로일에서 정규업무시간(휴게시간 제외)'로 되어 있다. 이러한 여러 요인들이 소정실근로시간을 과대평가하게 한다. 또한 출근하지 않은 일수의 원자료인 시간을 소정근로시간에서 차감하여 소정실근로시간으로 전환하고, 이를 집계・공표하고 있는지 명확하지 않다.

둘째, 임금대장과는 달리 근로시간은 출퇴근기록 정도만 관리되고 있으며, 응답하는 근로시간의 개념 또는 범위가 다양하여 실근로시간이 과대평가되기도 한다. 실근로시간은 근로일의 휴게시간(식사)을 제외한 업무 시작에서 종료까지의 시간이지만, 보고되는 근로시간은 ① 휴게시간(식사)을 포함한 시간(예: 심야 교대근무자), ② 유급주휴시간을 포함한 시간(예: 월 209시간), ③ 유급인 휴가시간을 포함한 시간 등으로 다양하게 나타나고 있다.

셋째, 이러한 실근로시간에 대한 과대 보고와는 달리 포괄임금제 운영, 주 52시간 상한제 등으로 특정 기간에 한도를 초과하는 초과실근로시간이 제대로 보고되지 않은 경우 실근로시간은 과소 보고되기도 한다.

나. 시범조사 분석결과

현재 경제활동인구조사의 공표 통계인 취업시간은 조사주간 중의 '일한 시간'이 일별로 기록된 보조조사표를 주간으로 집계하여 응답하도록 되어 있다. 그러나 조사대상주간에 한정된 불연속조사로 주간 근로시간을 월간 또는 연간 근로시간으로 전환하는 데 여러 문제점이 있다.

이에 본 연구에서는 시험적으로 월간 실근로시간을 집계하기 위한 시범조사, 즉 실근로시간 파악을 위한 근로자 실태조사[14]를 9월 중에 실시하였는데, 이 실태조사의 조사개요 및 분석결과는 다음과 같다.

우선, 조사대상은 8월 중에 계속 고용관계를 유지한 상용 및 임시근로자에 한정하였다. 전체 응답자는 128명으로 근무형태별(일근제, 교대제, 선택근무제, 재량근무제) 특성을 파악하기 위하여 유효 표본의 크기를 근무형태별로 최소한 15명 이상이 되도록 강제하였다. 이에 따라 근무형태별 분포는 일근제 79명(61.7%), 교대제 15명(11.7%), 선택근무제 15명(11.7%), 재량근무제 19명(14.8%) 등이다. 이러한 표본에 응답한 개별 근로자의 분포는 산업별로는 제조업 18.8%, 비제조업 81.3%, 규모별로는 100인 미만 48.4%, 100~299인 21.9%, 300인 이상 29.7%, 직종별로는 관리사무직 57.0%, 전문기술직 30.5%, 서비스판매직 10.2%, 생산직 2.3%, 성별로는 남성 36.7%, 여성 63.3%, 연령별로는 20대 16.4%, 30대 46.9%, 40대 19.5%, 50대 이상 17.2% 등이다. 그러나 시범조사는 근무형태별 특성을 파악하기 위한 시험적인 조사로서, 전체 모집단의 특성을 정확하게 반영하지 않음에 유의하여야 한다.

〈표 3-6〉 월실근로시간 시범조사 표본 분포

(단위 : 명, %)

	표본 근로자 (명)	구성비 (%)		표본 근로자 (명)	구성비 (%)
전 체	128	(100.0)	남성	47	(36.7)
제조업	24	(18.8)	여성	81	(63.3)
비제조업	104	(81.3)	20대	21	(16.4)
100 미만	62	(48.4)	30대	60	(46.9)
200~299	28	(21.9)	40대	25	(19.5)
300 이상	38	(29.7)	50대 이상	22	(17.2)
관리사무	73	(57.0)	일근제	79	(61.7)
전문기술	39	(30.5)	교대제	15	(11.7)
서비스판매	13	(10.2)	선택근무제	15	(11.7)
생산기능	3	(2.3)	재량근무제	19	(14.8)

자료 : 한국노동연구원(2024), 「실근로시간 파악을 위한 근로자 실태조사」.

14) 설문지는 부록 참조.

다음으로, 근무형태별로 살펴본 실근로시간에 대한 분석결과를 살펴보면 다음과 같다. 첫째, 8월 1개월간에 대한 단순한 기억으로 응답한 월실근로시간은 173.4시간인데, 8월 1개월간 근로시간에 대한 일별 기록 및 월별 집계에 의한 월실근로시간은 168.3시간으로 약 5시간의 차이가 나타나고 있다[15].

전체적으로 보면 월간 기억이 일별 집계보다 과대하게 응답한 비율은 39.1%, 동일하게 응답한 비율은 28.1%, 과소하게 응답한 비율은 32.8%로 나타나고 있다. 이를 근무형태별로 보면 일근제가 아닌 교대제, 선택근로제, 재량근로제 근로자일수록 과대하게 응답한 비율이 높게 나타나고 있다.

둘째, 근무형태별 근로일, 소정근로시간, 월간 소정근로일 등을 살펴보면 교대제 근로자일수록 근로일, 소정근로시간은 길지만 월간 소정근로일수는 짧게 나타나고 있다.

셋째, 월실근로시간을 소정, 즉 정상근로시간, 비근로시간, 초과실근로시간 등 근로자별 자료(individual data)로 살펴보면, 소정근로시간은 166.4시간, 비근로시간은 2.4시간, 초과실근로시간은 4.2시간으로 나타나고 있다. 소정실근로시간은 소정근로시간에서 비근로시간을 빼면 164시간이고, 여

〈표 3-7〉 근무형태별 월실근로시간 격차

(단위 : 시간/월, %)

	월실근로시간		월간 기억 대 일별 집계		
	월간기억	일별집계	일별보다 과소응답	일별과 정확응답	일별보다 과대응답
전 체	173.4	168.3	(32.8)	(28.1)	(39.1)
일근제	169.3	165.3	(34.2)	(36.7)	(29.1)
교대제	185.0	175.0	(13.3)	(33.3)	(53.3)
선택근무제	166.8	163.3	(33.3)	(6.7)	(60.0)
재량근무제	186.4	179.0	(42.1)	(5.3)	(52.6)

자료 : 한국노동연구원(2024), 「실근로시간 파악을 위한 근로자 실태조사」.

15) 시범조사에서 실근로시간은 업무시작에서 종료까지의 시간에서 휴게시간(식사)을 제외하고, 또한 휴가, 결근 등으로 일하지 않은 시간도 제외한 실제로 일한 시간만을 집계하고 있다. 이는 앞서 살펴본 Ward et a1.(2018)의 적용 사례이다.

〈표 3-8〉 근무형태별 실근로시간/일수 격차

(단위 : 시간/일, 일/월)

	근로 및 휴게시간		8월간 소정근로일 (일/월)
	소정근로시간 (시간/일)	휴게시간 (시간/일)	
전 체	7.9	1.0	20.5
일근제	7.9	1.0	20.8
교대제	9.4	1.7	17.9
선택근무제	8.1	1.0	20.3
재량근무제	8.0	1.3	21.4

자료 : 한국노동연구원(2024), 「실근로시간 파악을 위한 근로자 실태조사」.

〈표 3-9〉 근무형태별 월실근로시간 1

(단위 : 명, 시간/월)

인별 평균	임금지급 근로자수	소정 근로시간		초과 실근로시간	실근로시간
			비근로시간		
전 체	128	166.4	2.4	4.2	168.2
일근제	79	165.4	2.1	2.1	165.3
교대제	15	165.5	0.5	10.1	175.0
선택근무제	15	165.9	6.2	3.6	163.3
재량근무제	19	171.8	1.7	8.9	179.0

자료 : 한국노동연구원(2024), 「실근로시간 파악을 위한 근로자 실태조사」.

〈표 3-10〉 근무형태별 월실근로시간 2

(단위 : 명, 시간/월)

전체 집계	임금지급 근로자수	소정 근로시간		초과 실근로시간	실근로시간
			비근로시간		
전 체	128	21,297	301	541	21,537
일근제	79	13,064	168	166	13,062
교대제	15	2,482	8	152	2,626
선택근무제	15	2,488	93	55	2,450
재량근무제	19	3,264	32	169	3,401

자료 : 한국노동연구원(2024), 「실근로시간 파악을 위한 근로자 실태조사」.

기에 초과실근로시간을 더하면 월실근로시간은 168.2시간으로 집계된다.

넷째, 월실근로시간을 소정, 즉 정상근로시간, 비근로시간, 초과실근로시간 등 집계자료(aggregate data)로 살펴보면, 소정근로시간은 21,297시간, 비근로시간은 301시간, 초과실근로시간은 541시간으로 나타나고 있다. 소정실근로시간은 소정근로시간에서 비근로시간을 빼면 20,996시간이고, 여기에 초과실근로시간을 더하면 월실근로시간은 21,537시간으로 집계된다.

앞서 살펴본 시범조사의 조사진행 및 분석결과는 가구조사를 통하여 지불근로시간과 혼재되지[16] 않는 실근로시간에 대한 개인별 조사가 가능함을 시사한다. 물론 임금 항목에 대한 조사는 가구조사가 사업체조사에 비하여 보다 부정확할 수 있지만, 임금대장에 기록된 급여산정기준 시간에 구애되지 않기 때문에 실근로시간은 사업체조사보다 가구조사가 보다 정확할 수 있다.

제6절 소 결

본 장에서는 삶의 질, 생산성 등에 크게 영향을 미치는 실근로시간을 정확하게 파악하기 위하여 근로시간에 대한 주요 조사통계를 리뷰하고 향후 이들 조사통계의 개편 가능성을 검토하였다. 주요한 분석결과 및 함의는 다음과 같다.

첫째, 근로시간은 실근로시간 이외에도 정상근로시간, 지불근로시간, 평소근로시간 등 여러 가지 개념이 있으며, 각각의 개념에 특화된 또는 혼재된 조사통계 및 행정통계가 개별 국가에서 실시되고 있으며, 직접법 또는 항목법 등 적절한 방식을 통한 전환을 통하여 집계된 연간 취업시간 또는 근로시간이 OECD에 보고되고 있다.

둘째, 우리나라에서는 사업체노동력조사 조사대상이 확대된 2008년 이후

16) 그동안에 진행된 근로시간 단축에도 기존의 임금수준을 보전하기 위하여 임금이 산정되는 시간이 변경되지 않은 사례가 대기업, 유노조 기업일수록 많이 관찰된다.

에는 그 이전과는 달리 사업체노동력조사를 기본적으로, 경제활동인구조사를 보조적으로 활용하는 새로운 방식으로 집계된 연간 취업시간을 OECD에 보고하고 있다. 물론 사업체조사 및 가구조사 모두 조사표 작성요령에서 '실'근로시간으로 응답하도록 되어 있다.

셋째, 사업체노동력조사의 '소정근로시간'은 조사표 작성요령이 명확하지 않아 급여담당자가 실근로시간뿐만 아니라 정상 또는 지불근로시간으로 보고하기도 한다. 또한 소정근로일의 '출근하지 않은 일수'의 전환 이전 시간이 소정근로시간에서 차감되어 소정실근로시간으로 집계되고 있는지도 명확하지 않다. 따라서 사업체노동력조사는 규정된 소정근로시간 및 소정근로일에서의 '비근로시간'에 대한 정확한 조사와 더불어 소정근로시간에서 비근로시간을 차감한 소정실근로시간으로 집계 · 공표되어야 할 것이다.

넷째, 경제활동인구조사에서 실제 취업시간은 사전 배포된 보조조사표에 일별로 기재하고, 본조사 시 주간 단위로 응답하도록 되어 있다. 물론 급여산정기준 시간이 혼재된 임금대장 기반의 사업체조사에 비하여 실근로시간이 보다 정확하지만, 12개의 불연속적인 조사통계로 연간 실근로시간을 집계할 수 없다. 따라서 조사대상주간을 포함한 월간 실제 취업시간을 사전에 보조조사표를 배포하여 일별로 기록하고, 본조사 시 주간 또는 월간으로 응답하는 방안을 검토할 필요가 있다.

제 4 장
근로시간제도 현대화를 위한 법제도 개선방안

제1절 근로시간제도 적용 제외 재검토

1. 상시 4인 이하 사업에 대한 근로시간제도 전면 적용

근로기준법은 1953년에 제정되었다. 이후 근로기준법은 그 적용 범위가 느리지만 점차 확대되어 왔으나, 1998년 이후로는 그 변화가 멈춰져 있다.[17] 현행 근로기준법은 상시 5인 이상 근로자를 사용하는 사업(장)에 대하여는 근로기준법의 전면적인 적용을 규정하고 있지만(근로기준법 제11조 제1항), 상시 4인 이하 근로자를 사용하는 사업(장)에 대하여는 근로기준법의 일부가 적용됨을 규정하고 있다(근로기준법 제11조 제2항). 그리고 상시 4인 이하 근로자를 사용하는 사업(장)에 적용될 규정을 근로기준법 시행령에서 별도로 정하고 있다(근로기준법 시행령 제7조).

상시 4인 이하 사업(장)에 대한 근로기준법 일부 적용의 위헌성과 관련하여 헌법재판소는 1999년 결정[18]에서 제도의 점진적 개선 등을 들어 합헌성

17) 1953년 근로기준법 제정 이후 현행 근로기준법에 이르기까지 적용 범위 확대 연혁에 대하여는 임종률 외(2006), 『근로기준법 적용범위의 합리화 방안 연구』, 한국노동법학회 · 고용노동부; 김소영 외(2007), 『근로기준법 적용확대시 파급효과 분석 및 효과적인 방안 연구』, 한국노동연구원 참고.
18) 헌법재판소 1999. 9. 16. 결정 98헌마310.

을 인정하였고, 2019년 결정[19]에서도 헌법에 위반되지 않는다는 입장을 견지하였다.

현행 근로기준법에 따르면 상시 4인 이하 사업(장)에 적용되지 않는 근로조건은 제법 많다. 여기에서 논의하고자 하는 근로기준법 제4장 근로시간과 휴식에 관한 규정도 그중 하나이다. 현행 규율에 따르면, 제4장 근로시간과 휴식에 관한 규정 중 상시 4인 이하 사업(장)에는 근로기준법 제54조, 제55조 제1항 및 근로기준법 제63조만이 적용된다. 근로기준법 제63조는 근로시간 및 휴게의 적용 제외 규정이라는 점에서 상시 4인 이하 사업(장)에 적용되는 근로기준법 제4장의 규정은 휴게와 주휴일에 관한 규정뿐이다. 즉, 현행 근로기준법에 의하면, 상시 4인 이하 사업의 경우 1주 40시간의 기준근로시간(근로기준법 제50조), 1주 12시간 한도 연장근로의 제한(근로기준법 제53조), 공휴일 및 대체공휴일(근로기준법 제55조 제2항), 연장 · 야간 · 휴일근로에 대한 가산임금(근로기준법 제56조) 및 보상휴가제(근로기준법 제57조), 연차 유급휴가(근로기준법 제60조) 등 근로기준법 제4장 근로시간 및 휴식 관련 법제도의 중핵적인 규정이 적용되지 않는다.

필자는 기존에 상시 4인 이하 사업(장) 근로기준법 확대 적용은 당해 사업(장)에 종사하는 근로자의 실효적 권리보장 차원에서 단계적으로 확대 적용하는 것이 바람직하다는 기본원칙하에 상시 4인 이하 사업(장)에 대한 근로시간 및 휴식제도의 적용 방안을 밝힌 바 있다.[20] 그 내용을 요약하면 다음과 같다.

현행 근로기준법 규정에 의하면, 상시 4인 이하 사업(장)에는 1일 8시간, 1주 40시간의 기준근로시간(근로기준법 제50조) 및 1주 최대 52근로시간(근로기준법 53조), 연장 · 야간 · 휴일근로에 대한 가산임금 규정(근로기준법 제56조)이 적용되지 않는다. 그러나 이들 규정은 사업 규모와 관계없이 모든 근로자에게 보장되어야 할 가장 기본적인 근로조건이고, 해외사례를 보더라도 사업규모에 따라 기준근로시간 및 근로시간 상한의 적용을 달리

---

19) 헌법재판소 2019. 4. 11. 결정 2013헌바112; 헌법재판소 2019. 4. 11. 결정 2017헌마820.

20) 이하의 내용은 김기선(2022), 「상시 5인 미만 사업에 대한 근로기준법 적용」, 『법학논총』 39(2), 한양대학교 법학연구소, pp.174~186을 요약한 것이다.

하는 사례를 찾기 어렵다는 점에서 상시 4인 이하 사업(장)에도 적용되어야 한다.

그리고 상시 4인 이하 사업(장)에는 연차 유급휴가(근로기준법 제60조)에 관한 규정이 적용되지 않는다. 여가시간의 확보 등 휴식권 보장이라는 연차 유급휴가의 목적은 사업규모에 따라 달리 취급하기 어렵다. 이러한 점에서 연차 유급휴가에 관한 규정은 상시 4인 미만 사업(장)에도 적용되어야 한다.

또한 상시 4인 이하 사업(장)에는 명절, 국경일 등 관공서의 공휴일 및 대체공휴일이 적용되지 않는다. 휴식권의 보편적 보장의 측면에서 상시 4인 이하 사업(장)에 적용될 필요가 있다.

상시 4인 이하 사업(장)에 근로시간 및 휴식 제도를 적용함에 있어서는 적지 않은 어려움이 발생할 수 있다. 이와 같은 문제를 해소 내지 완화하기 위해서는 근로시간, 연차 유급휴가, 공휴일 및 대체공휴일을 단계적으로 적용하는 한편, 사업주의 인력활용상의 어려움 및 경제적 부담을 완화하기 위한 정부지원조치가 강구될 필요가 있다.

2. 1차 산업에 대한 근로시간 및 휴게 · 휴일 적용 제외 재검토

근로기준법은 특정 사업 또는 특정 업무에 종사하는 자에 대해 근로시간, 휴게, 휴일에 관한 규정이 적용되지 않음을 규정하고 있다. 근로기준법 제63조에서는 "이 장과 제5장에서 정한 근로시간, 휴게와 휴일에 관한 규정은 다음 각 호의 어느 하나에 해당하는 근로자에 대하여는 적용하지 아니한다."고 규정하는 한편, 제1호에서는 "토지의 경작 · 개간, 식물의 재식(栽植) · 재배 · 채취 사업, 그 밖의 농림사업", 제2호에서는 "동물의 사육, 수산 동식물의 채포(採捕) · 양식 사업, 그 밖의 축산, 양잠, 수산 사업", 제3호에서는 "감시 또는 단속적으로 근로에 종사하는 자로서 사용자가 고용노동부 장관의 승인을 받은 자", 제4호에서는 대통령령으로 정하는 업무에 종사하는 근로자(4호)"를 열거하고 있다. 그리고 근로기준법 시행령 제34조에서는 4호의 "대통령령이 정하는 업무"란 "사업의 종류에 관계없이 관리 · 감독 업무 또는 기밀을 취급하는 업무"를 말한다고 규정하고 있다. 즉, 근로기준법 제63조는 근로시간, 휴게, 휴일에 관한 규정이 적용되지 않는 사업 또는 업무

를 열거하면서, 제1호와 제2호는 사업 단위로, 제3호와 제4호는 업무 단위로 규정하고 있다.[21]

근로기준법 제63조 각 호에서 열거하고 있는 근로자에게는 근로기준법 제4장(근로시간과 휴식)과 제5장(연소자와 여자 근로자에 대한 특칙)에서 정한 근로시간 · 휴게 · 휴일에 관한 규정이 적용되지 않는다. 구체적으로는 제4장에 있는 규정 중 기준근로시간(근로기준법 제50조), 연장근로에 대한 제한(근로기준법 제53조), 연장근로에 대한 가산임금(근로기준법 제56조), 휴게시간(근로기준법 제54조), 휴일(근로기준법 제55조) 등이 이들 근로자에게는 적용되지 않는다. 근로기준법 제63조에 해당하는 근로자에게는 근로시간, 휴게, 휴일에 관한 규정이 적용되지 않기 때문에 이들에 대하여는 근로시간의 상한에 대한 규제는 없게 되고,[22] 연장근로나 휴일근로의 경우에도 근로기준법 제56조에 따른 가산임금이 지급되지 않는다.[23]

근로기준법 제63조의 근로시간 및 휴게 · 휴일 적용 제외의 문제점은 이전에도 지적되어 왔다. 대표적으로 최석환 교수는 근로기준법 제63조의 문제점으로 다음과 같은 점을 지적한다. 첫째, "적용 제외의 요건은 일정한 사업에 종사할 것(1 · 2호) 혹은 일정한 직무를 수행할 것(4호)"인데, "이 요건이 정하고 있는 사업 혹은 직무 모두 그 명확한 범위가 법에 규정되어 있는 것이 아닌 탓에 문제가 제기될 소지를 내포한다"며 요건이 불명확하는 점을 언급한 바 있다. 둘째, "근로기준법 제2조 1호에서 규정하고 있는 근로자성의 판단 여하에 따라 근로기준법 기타 노동법의 대부분의 규정이 적용될 것인지 여부가 결정되는 구조와 마찬가지로, 위의 요건에 해당할 경우 본조가 규정하고 있는 '적용 제외'라는 효과가 발생하게 된다"는 효과의 극단성이 있다는 점을 지적한 바 있다.[24]

근로기준법 제63조 제1호 및 제2호가 1차 산업에 대해 근로시간 및 휴식

---

21) 노동법실무연구회(이정한 · 김진 · 여연심 집필부분)(2020), 『근로기준법 주해 Ⅲ』, 박영사, p.349.

22) 김기선 · 강성태 · 조용만 · 한인상 · 정영훈 · 노호창 · 김근주(2015), 『근로시간법제 주요 쟁점의 합리적 개편방안』, 한국노동연구원, p.372.

23) 대법원 1989. 2. 28. 선고 88다카2974 판결.

24) 박제성 · 강성태 · 김홍영 · 도재형 · 박귀천 · 이철수 · 최석환 · 배규식(2011), 『장시간 노동과 노동시간 단축(II)-장시간 노동과 노동법제』, 한국노동연구원, pp. 112~113 참고.

제도의 적용을 제외하는 것은 이들 산업은 업무가 기상이나 계절 등 자연적 조건에 강한 영향을 받는다는 특수성이 있기 때문에 근로시간과 휴게 · 휴일에 관한 규정을 그대로 적용하는 것이 적절치 않다고 판단한 것으로 보인다.25) 이와 관련하여 1차 산업에 대한 적용 제외를 유지하는 것을 전제로 적용 제외를 받기 위한 절차적 요건으로 행정관청이 고용노동부에 신고의무를 부과하고, 행정관청이 해당 사업이 1차 산업에 부합하는지 여부를 검토하는 것이 바람직하다는 견해가 제시된 바 있다.26) 그러나 기계화 등의 영향으로 기업형 1차 산업이 확산되고 있다는 점을 고려하면 1차 산업에 해당한다는 이유로 근로시간 · 휴게 · 휴일에 관한 규정을 전면 배제하는 것은 온전히 타당하다고 보기는 어렵다. 이러한 점에서 1차 산업에 대한 근로시간 및 휴식 제도 적용 실태조사 등을 통해 적용 제외를 재검토할 필요가 있다. 이와 관련해서는 기준근로시간, 휴게시간, 연장근로의 제한 등 근로시간과 관련한 규정을 우선적으로 적용하고, 가산임금이나 연차유급휴가 등 사용자의 지불이 동반되는 사항은 차후에 적용토록 함으로써 근로시간제도를 점진적으로 적용하는 방안이 고려될 수 있다.

제2절 건강권 보호를 위한 근로시간제도 개선

1. 근로시간 기록 및 관리

현행 근로기준법은 사용자의 임금대장 작성 의무를 규정하고 있다(근로기준법 제48조 제1항). 사용자에게 임금대장의 작성 의무를 부여한 것은 임금 지급 규정의 실효적인 준수와 감독행정의 실효성을 확보하기 위함이다.27) 현행 근로기준법 제48조 제1항에 따르면, “사용자는 각 사업장별로

25) 노동법실무연구회(이정한 · 김진 · 여연심 집필부분)(2020), 『근로기준법 주해 Ⅲ』, 박영사, p.350.
26) 박지순 · 정영훈 · 장원석 · 임성호(2013), 『근로시간 적용제외제도 개선 연구』, 고용노동부, pp.97~99.

임금대장을 작성하고 임금과 가족수당 계산의 기초가 되는 사항, 임금액, 그 밖에 대통령령으로 정하는 사항을 임금을 지급할 때마다 적어야 한다." 임금대장에 기재해야 할 사항 중 대통령령으로 정하는 사항은 근로자 개인별로 성명, 주민등록번호, 고용 연월일, 종사하는 업무, 임금 및 가족수당의 계산기초가 되는 사항, 근로일수, 근로시간수, 연장근로·야간근로 또는 휴일근로를 시킨 경우에는 그 시간수, 기본급·수당 그 밖의 임금의 내역별 금액(통화 외의 것으로 지급한 임금이 있는 경우에는 그 품명 및 수량과 평가총액), 근로기준법 제43조 제1항 단서의 규정에 의해 임금의 일부를 공제한 경우에는 그 금액이다(근로기준법 시행령 제27조 제1항). 이와 같은 규정에서 알 수 있는 바와 같이, 임금대장을 작성함에 있어 기재해야 할 근로시간의 기준은 월 단위 근로시간의 합계이며, 1일 단위로 근로시간의 시업 및 종업 시각을 기재할 것이 요구되지는 않는다.[28] 실제 근로기준법 시행규칙 제16조에 따른 별지 17호 임금대장 서식에서는 근로시간 수, 연장근로시간 수, 휴일근로시간 수, 야간근로시간 수를 월 단위로 기재하도록 되어 있다.

한편, 근로기준법은 사용자의 임금명세서 교부 의무를 규정하고 있다(근로기준법 제48조 제2항). 2021. 5. 18. 근로기준법 개정에 의해 신설된 이 규정에 따르면, "사용자는 임금을 지급하는 때에는 근로자에게 임금의 구성항목·계산방법, 법 제43조 제1항 단서에 따라 임금의 일부를 공제한 경우의 내역 등 대통령령으로 정하는 사항을 적은 임금명세서를 서면(「전자문서 및 전자거래 기본법」 제2조 제1호에 따른 전자문서를 포함)으로 교부하여야 한다." 그리고 근로기준법 시행령 제27조의2에 따라 사용자가 임금명세서에 기재해야 하는 사항은 ① 근로자의 성명, 생년월일, 사원번호 등 근로자를 특정할 수 있는 정보, ② 임금지급일, ③ 임금 총액, ④ 기본급, 각종 수당, 상여금, 성과금, 그 밖의 임금의 구성항목별 금액(통화 이외의 것으로 지급된 임금이 있는 경우에는 그 품명 및 수량과 평가총액), ⑤ 임금의 구성항목별 금액이 출근일수·시간 등에 따라 달라지는 경우에는 임금의 구성항목별

27) 노동법실무연구회(정재헌 집필부분)(2020), 『근로기준법 주해 Ⅲ』, 박영사, p. 128.
28) 김기선·김도환·박수경(2023), 『근로시간 기록관리 방법에 관한 연구』, 고용노동부, p.16.

금액의 계산방법(연장근로, 야간근로 또는 휴일근로의 경우에는 그 시간 수를 포함), ⑥ 법 제43조 제1항 단서에 따라 임금의 일부를 공제한 경우에는 임금의 공제 항목별 금액과 총액 등 공제내역이다. 임금대장의 경우와 마찬가지로 이 규정에 의하더라도 사용자가 임금명세서에 기재해야 하는 근로시간은 임금지급기간 중에 있었던 연장근로, 야간근로, 휴일근로의 전체 시간 수이고 1일 단위의 근로시간을 기재토록 하고 있지는 않다.[29]

이상에서 알 수 있는 바와 같이, 현행 근로기준법은 근로자의 근로일별 근로시간을 기록하도록 하고 있지는 않다. 그리고 이는 종종 포괄임금계약에 대한 비판으로 이어진다. 포괄임금계약은 근로기준법이 아닌, 일정한 요건하에서 판례가 그 유효성을 인정하는 제도이다. 판례는 포괄임금계약을 "기본임금을 미리 산정하지 않은 채 시간 외 근로 등에 대한 제 수당을 합한 금액을 월급여액이나 일당 금액으로 정하거나, 매월 일정액을 제 수당으로 지급하기로 하는 임금지급계약"[30]으로 이해하고 있다.[31] 포괄임금계약은 근로기준법상 근로시간 및 임금지급 원칙과 상충되는 측면이 있는 제도이다. 포괄임금계약은 연장 · 야간 · 휴일근로를 예정하고 있다는 점에서 장시간 근로를 유발하고, 실제 근로시간과 상관없이 일정액이 지급되는 경우가 많다는 점에서 실근로시간에 따른 임금지급원칙과 충돌되는 지점이 있다.[32]

이와 같은 포괄임금계약의 부작용을 근거로 이를 입법적으로 금지해야 한다는 견해가 종종 제기된다. 판단컨대, 포괄임금계약을 금지하는 것은 근로자에게 유리한 경우에도 이를 금지하는 등 사용자와 근로자의 사적 자치를 과도하게 제한하는 것으로 현행 근로기준법 및 판례 법리에 배치되는 것으로 판단된다. 첫째, 현행 근로기준법 제53조 제1항은 당사자가 합의하는

---

29) 김기선 · 김도환 · 박수경(2023), 『근로시간 기록관리 방법에 관한 연구』, 고용노동부, p.17.

30) 대법원 1997. 4. 25. 선고 95다4056 판결.

31) 포괄임금계약에 대한 판례 법리의 문제점에서 대하여는 김기선(2020), 「포괄임금제와 근로시간의 기록 · 관리」, 『법과 정책연구』 20(1), 한국법정책학회, pp. 131~144 참조.

32) 포괄임금계약의 문제점에 대한 보다 상세한 내용은 김기선(2020), 「포괄임금제와 근로시간의 기록 · 관리」, 『법과 정책연구』 20(1), 한국법정책학회, pp.129~131 참조.

경우 1주 12시간 이내에서 법정근로시간의 연장을 허용하고 있다는 점에서 포괄임금계약 금지는 연장·야간·휴일근로에 대한 사전 합의 및 이에 대한 대가 지급을 금지하는 것으로 근로자와 사용자의 연장근로에 대한 합의 및 이에 대한 임금지급방법에 대한 사적 자치를 제한한다. 둘째, 포괄임금계약을 전면적으로 금지하는 것은, 현행 판례 법리는 근로시간 산정이 어려운 경우와 같이 포괄임금계약의 필요성이 인정되는 경우에는 그 유효성을 인정하고 있다는 점에서 현행 판례 법리와 배치되는 측면이 있다. 셋째, 현행 판례 법리에 따르면, 포괄임금계약이 그 유효 요건을 갖추지 못한 경우에는 근로기준법의 강행법규적 성격에 따라 무효가 되고 무효가 된 부분에 대해 실근로시간 보상원칙에 따른 차액 정산을 하도록 하고 있을 뿐 포괄임금계약이 전면적으로 금지되지는 않는다. 넷째, 현행 판례 법리는 고정OT수당의 경우 약정된 근로시간보다 실근로시간이 미달하는 경우에도 사용자는 약정된 고정OT수당을 지급하도록 함으로써 근로자에게 유리한 내용의 포괄임금계약을 허용하고 있으나, 포괄임금계약의 전면적 금지는 근로자에게 유리한 고정OT수당도 금지하는 것으로 근로기준법보다 유리한 사용자와 근로자 간의 계약을 허용하지 않는 것이 되어 근로자 보호에 역행하는 측면이 있다.

이와 같은 점을 고려할 때 포괄임금계약의 오남용에 따른 문제는 이를 금지하는 것이 아닌, 근로시간 기록·관리 제도를 도입하여 장시간 근로의 예방 및 실근로시간에 따른 정당한 보상원칙을 정착시킴으로써 해소하는 것이 바람직하다. 이와 관련하여 유럽사법재판소의 최근 판결과 근로시간 기록·관리를 제도화하고 있는 해외의 사례를 검토할 필요가 있다.[33] 특히 유럽사법재판소는 2019. 5. 14. 스페인 노동조합이 은행을 상대로 근로자의 1일 근로시간을 기록할 것을 요구한 사안에서 사용자가 근로시간을 기록하는 시스템을 마련할 의무가 있다고 판단하였다.[34] 이 판결에서 유럽사법재판소는 모든 유럽연합 회원국 내에 보편적인 근로시간 규제를 목표로 1주

---

33) 해외 근로시간 기록·관리 제도에 대한 자세한 내용은 김기선·이경희·최미나·조규식·문무기(2018), 『휴식있는 삶을 위한 일하는 방식 개선방안』, 고용노동부, pp.296~367; 김기선·김도환·박수경(2023), 『근로시간 기록관리 방법에 관한 연구』, 고용노동부, pp.119~121 참조.

34) EuGH 14. 5. 2019 - C-55/18, NZA 2019, 683 - CCOO.

근로시간 상한, 1일 및 1주 휴식시간, 야간근로, 교대제 근로, 연차휴가 등에 대해 규율하고 있는 유럽연합 근로시간지침(Directive 2003/88/EC of the European Parliament and of the Council of 4 November 2003 concerning certain aspects of the organisation of working time)[35]에는 근로시간 기록·관리에 관한 명문의 규정이 존재하지 않지만 유럽연합 근로시간지침상의 근로시간 규율에 관한 기본적 권리를 보장하기 위해서는 근로시간 기록 시스템이 필요하다고 하였다.[36] 이에 따르면, 유럽연합회원국은 사용자가 근로자의 근무일별 1일 실근로시간을 측정할 수 있는 객관적이고, 신뢰할 수 있고, 접근가능한 시스템을 마련하도록 해야 한다. 구체적으로는, 객관적인 시스템이란 근로자의 근로의 시작 및 종료 시각을 포함한 근로자의 1일 실근로시간을 측정할 수 있는 제도 내지 시스템을, 신뢰할 만한 시스템이란 근로시간 기록의 작성 및 작성된 근로시간 기록의 위·변조 가능성을 최소화한 제도 내지 시스템을, 접근가능한 시스템이란 근로자가 요청하는 경우 근로시간 기록에 대한 열람을 보장하고 관할 노동행정관청이 자료 제공을 요청하는 경우 제공될 수 있는 제도 및 시스템을 의미한다.

한편, 독일 근로시간법(Arbeitszeitgesetz)은 1일 8시간을 초과하는 근로자의 근로시간을 기재(독일 근로시간법 제16조 제2항)하도록 하고 있으나,[37] 독일 연방노동법원은 2022. 9. 13. 판결에서 유럽사법재판소 판결의 영향을 받아 사용자는 근로시간의 전부를 기록하고 근로시간 기록 시스템을 마련할 의무가 있다고 판단하였다.[38]

장시간 근로를 예방함으로써 건강권을 보호하기 위한 제도적 기반을 마

35) 유럽연합 근로시간지침은 근로시간과 관련하여 유럽연합 회원국이 준수해야 할 기본적인 사항을 규율하고 있고, 이에 따라 각국의 근로시간 규제의 특수성보다 보편성에 초점을 맞추고 있다. 유럽연합 근로시간지침에 대한 자세한 내용은 김기선·강성태·조용만·한인상·정영훈·노호창·김근주(2015), 『근로시간 법제 주요 쟁점의 합리적 개편방안』, 한국노동연구원, pp.29~77 참조.

36) 이 판결에 대한 보다 자세한 내용은 김기선·김도환·박수경(2023), 『근로시간 기록관리 방법에 관한 연구』, 고용노동부, pp.62~65 참조.

37) 김기선·박수근·강성태·김근주(편역)(2013), 『독일 노동법전』, 한국노동연구원, p.411.

38) BAG v.13. 9. 2022-1 ABR 22/21, NZA 2022, 1616. 이 판결에 대한 보다 자세한 내용은 김기선·김도환·박수경(2023), 『근로시간 기록관리 방법에 관한 연구』, 고용노동부, pp.70~73 참조.

련하는 차원에서 근로시간 기록 · 관리 제도의 마련을 적극적으로 검토할 필요가 있다. 이 경우 투명하고 적정한 근로시간의 파악 및 기록을 어떠한 방식을 통해 실현할 것인지가 문제된다. 이와 관련해서는 근로시간의 시작 및 종료 시각 등 기록 · 보관해야 할 근로시간의 내용, 근로시간 기록의 보관기간, 근로시간 기록 · 관리에서 제외되는 대상 근로자, 근로시간의 기록에 대한 근로자의 열람권, 소규모 사업장에 대한 적용 제외 내지 특례 등을 고려할 필요가 있다.[39]

2. 일간 최소 연속휴식시간

현행 우리나라 일반 근로자의 1일 기준근로시간은 8시간, 1주 기준근로시간은 40시간이다(근로기준법 제50조 제1항 및 제2항). 1953년 근로기준법 제정 당시 일반 근로자의 기준근로시간은 1일 8시간, 1주 48시간이었고, 1989. 3. 29. 근로기준법 개정으로 기준근로시간이 1일 8시간, 1주 44시간으로 단축되었고, 2003. 8. 29. 근로기준법 개정으로 현재의 모습을 갖추게 되었다.[40] 한편, 현행 근로기준법에 따르면, "당사자 간에 합의하면 1주 간에 12시간을 한도로 근로기준법 제50조의 기준근로시간을 연장할 수 있다"고 규정하여 1주 연장근로의 한도를 규정하고 있다(근로기준법 제53조 제1항). 즉, 현행 우리나라의 1주 기준근로시간은 40시간이고, '특별연장근로(근로기준법 제53조 제4항 및 제5항)'와 같은 다른 예외적인 사유에 해당하지 않는 한 1주 최대 근로시간은 52시간이 된다.

한편, 현행 근로기준법은 장시간 근로로 인한 건강권 침해를 예방하기 위해 두 가지 방식을 활용하고 있다. 그 하나는 연장근로에 대한 가산임금 지급(근로기준법 제56조)이고, 다른 하나는 1주 12시간을 초과하여 근로하게

39) 김기선 · 김도환 · 박수경(2023), 『근로시간 기록관리 방법에 관한 연구』, 고용노동부, p.119.

40) 2003년 1일 8시간, 1주 40시간으로 기준근로시간 단축은 공공부문, 금융 · 보험, 1,000인 이상의 경우에는 2004. 7. 1.부터, 300인 이상 사업은 2005. 7. 1.부터, 100인 이상 사업은 2006. 7. 1.부터, 50인 이상 사업은 2007. 7. 1.부터, 20인 이상 사업은 2008. 7. 1.부터, 20인 미만 사업은 2011년 기한으로 대통령령으로 정하는 방식으로 기업의 성격 및 규모에 따라 단계적으로 실시되었다.

한 경우 형사처벌하도록 하는 것이다.

여하튼 현행 근로기준법에 의하면, 1주 최대 근로시간에 대한 제한은 있지만, 1일 근로시간에 대한 제한은 존재하지 않는다. 최근 이를 확인해 준 판결이 있었다. 대법원 2023. 12. 7. 선고 2020도15393 판결에서 대법원은 "근로기준법 제53조 제1항은 연장근로시간의 한도를 1주간을 기준으로 설정하고 있을 뿐이고 1일을 기준으로 삼고 있지 아니하므로, 1주간의 연장근로가 12시간을 초과하였는지는 근로시간이 1일 8시간을 초과하였는지를 고려하지 않고 1주간의 근로시간 중 40시간을 초과하는 근로시간을 기준으로 판단하여야 한다"고 판시하였다. 대상 판결이 이와 같이 판시한 이유는 세 가지였다. 첫째, 현행 근로기준법 제53조 제1항에서는 1주 단위로 12시간의 연장근로 한도를 정하고 있으므로 근로기준법상의 형사처벌 규정이 적용되는 연장근로는 근로기준법 제50조 제1항의 1주 기준근로시간을 초과하는 근로를 의미한다고 해석하는 것이 타당하다는 점, 둘째, 1일 8시간을 초과하는 연장근로시간의 1주간 합계에 관해 정하는 명시적 규정이 존재하지 않는다는 점, 셋째, 연장근로에 대한 가산임금 규정은 연장근로 그 자체를 금지하기 위한 목적 규정은 아닌 반면, 연장근로 제한 한도 초과에 대한 형사처벌 규정(근로기준법 제110조 제1호)은 1주간 12시간을 초과하는 연장근로 그 자체를 금지하기 위한 규정으로 그 입법 목적을 달리하므로 판단기준이 동일할 필요는 없다는 것이 이유였다.

대상 판결에 대해 필자는 이미 비판적인 견해를 피력한 바 있다. 이를 다시금 옮겨본다. "대상 판결은 근로기준법 제53조 제1항의 법률 문언을 축소해석함으로써 1일 근로시간을 규제하는 근로기준법의 취지를 충분히 고려하지 못했다고 할 수 있다. 근로기준법은 제50조 제1항에서 1주 40시간, 제2항에서 1일 8시간의 법정근로시간을 정하면서, 근로기준법 제53조 제1항에서는 "1주간에 12시간을 한도로 제50조의 근로시간을 연장할 수 있다"고 규정하고 있다. 연장근로와 관련하여 근로기준법 제53조 제1항이 "제50조 제1항의 근로시간"으로 규정하고 있지 않음에도 불구하고 1주간 40시간을 초과하는 근로가 연장근로에 해당한다고 해석하는 것은 적절치 않다.

대상 판결은 해석으로 근로기준법이 규정하고 있는 1일 단위 근로시간 규제의 기능을 약화시켰다. 우리 근로기준법은 1주뿐만 아니라 1일 단위 기준근로시간을 정하고 있다. 그러나 대상 판결에 따르면 1일 8시간의 기준근로시간을 초과하는 연장근로는 "근로자에게 더 큰 피로와 긴장을 주고 근로자가 누릴 수 있는 생활상의 자유를 제한하므로 이에 상응하는 금전적 보상"으로서의 의미를 가질 뿐이다. 대상 판결에 의하면 1주간 특정일에 몰아서 '압축근로'를 하더라도 1일 8시간을 초과하는 근로에 대한 가산임금이 주어질 뿐 1주간 근로시간이 52시간을 넘어서지 않는 한 근로기준법 위반에 해당하지 않게 된다. 이에 따라 1일 및 1주 단위 근로시간 규제를 통해 근로자의 건강권을 보호하고자 하는 근로기준법의 취지는 발휘되지 못하게 된다.

가산임금 규정과 연장근로 제한 한도 위반 형사처벌 규정의 입법 목적이 다르다고 본 대상 판결의 태도는 의문이다. 대상 판결은 가산임금 규정을 연장근로에 대한 금전적 보상을 위한 규정으로 연장근로를 금지하는 취지의 규정은 아니라고 이해한다. 그러나 근로기준법이 가산임금 규정과 연장근로 제한 한도 위반 형사처벌 규정을 둔 취지는 경제적 부담과 형벌을 통해 연장근로가 가능한 한 발생하지 않도록 하여 장시간 근로로부터 근로자의 생명과 건강을 보호하기 위함이다. 즉, 두 규정은 가산임금이라는 민사적 제재와 형벌이라는 형사적 제재라는 수단적인 측면에서 차이가 있을 뿐 동일한 입법목적을 가진 규정이라고 이해되어야 한다. 이러한 점에서 가산임금 지급기준이 되는 연장근로와 형사처벌 대상이 되는 연장근로를 달리 보는 것은 입법 목적에 반하는 것이라 할 수 있다."[41]

아무튼 대상 판결은 현행 근로기준법상 1일 근로시간 단위 규율에 불비가 있음을 여실히 보여준 셈이다. 일반 근로자의 경우 1주 최대 근로시간은 52시간으로 이를 제한하는 규정이 있는 반면, 1일 근로시간의 경우 그 상한을 규율하는 명시적 규정이 존재하지 않는다. 현행 근로기준법과 판례 법리에 따르면, 가산임금은 별론으로 한다면 이론상으로 하루에 1주 연장근로 한도인 12시간을 몰아서 하는 것도 가능하기 때문이다. 이러한 근로가 건강권에 대한 위해가 될 것임은 자명하다.

근로시간의 한도 내지 길이를 규제하는 데는 크게 세 가지의 방식을 상정

41) 김기선(2024), 「연장근로 제한 한도 위반 판단 시 연장근로시간의 산정」, 『노동법률』 393, pp.142~143.

해 볼 수 있다.[42] 첫째, 법령에서 근로시간의 최대한도를 명시적으로 규율하는 직접 규제형, 둘째, 법령에서 근로시간의 최대한도를 직접 규정하지는 않지만 일간 최소 연속휴식시간의 규정을 통해 휴게 및 일간 최소 연속휴식시간을 보장하여 역산하여 그 이외의 시간을 최대 근로시간으로 하는 간접 규제형, 셋째, 직접 규제형과 간접 규제형을 병행하는 복합 규제형으로 구분해 볼 수 있다.[43]

장시간 근로로 인한 건강권의 침해 또는 위험을 예방하기 위해서는 적어도 일간 최소 연속휴식시간의 도입을 검토할 필요가 있다. 이와 관련하여 강성태 교수의 "근로기준법에 일간휴식 제도를 신설하여 원칙적으로 모든 근로자에게 연속하는 11시간 이상의 일간휴식을 보장한다. 새 조문의 위치는 휴게(제54조)와 주휴일(제55조)이 가장 적절해 보인다."[44]는 지적은 충분히 경청할 만한 지적이라고 판단된다.

다만, 여기에 두 가지를 부언하고자 한다. 첫째, 근로자의 건강권을 보호할 수 있는 제도적 장치로서 일간 최소 연속휴식시간은 근로시간 관리단위의 확대와 같은 근로시간에 대한 노사의 자율성을 확대하는 것과 더불어 논의되어야 한다는 점이다. 둘째, 일간 최소 연속휴식시간을 설정함에 있어서는 획일적인 규율이 되지 않도록 업종과 업무에 따른 특례를 세밀하게 검토하는 것이 필요하다는 점이다.

3. 근로시간 및 휴게시간 특례 업종에 대한 근로시간 상한 설정

현행 근로기준법은 근로시간 및 휴게시간 특례를 규정하고 있다(근로기

---

42) 김기선(2024), 「연장근로 제한 한도 위반 판단 시 연장근로시간의 산정」, 『노동법률』 393, p.145.

43) 김기선 · 강성태 · 조용만 · 한인상 · 정영훈 · 노호창 · 김근주(2015), 『근로시간법제 주요 쟁점의 합리적 개편방안』, 한국노동연구원, p.328에서 강성태 교수는 "근로시간의 길이를 규제하는 방법에는 근로시간의 길이 그 자체를 제한하는 방식(전방 규제형), 일간 또는 주간 최소휴식시간(Ruhezeit)을 정함으로써 역으로 하루의 최고근로시간의 한도가 정해지는 방식(후방 규제형) 및 두 가지를 병행하는 방식(쌍방향 규제형)이 있을 수 있다"고 설명하고 있다.

44) 강성태(2016), 「근로기준법상 휴식제도의 개정」, 『노동법연구』 41, 서울대노동법연구회, p.115.

준법 제59조). 이에 따르면, ① 육상운송 및 파이프라인 운송업(다만, 「여객자동차 운수사업법」 제3조 제1항 제1호에 따른 노선(路線) 여객자동차운송사업은 제외), ② 수상운송업, ③ 항공운송업, ④ 기타 운송관련 서비스업, ⑤ 보건업에 해당하는 사업에 대해 사용자와 근로자대표가 서면으로 합의한 경우에는 연장근로의 한도인 1주 12시간(근로기준법 제53조 제1항)을 초과하여 연장근로를 하게 하거나, 휴게시간(근로기준법 제54조)을 변경할 수 있다. 이는 이들 업종에 해당하는 사업에 근로시간 규제를 그대로 적용하는 경우에는 공중의 생활에 불편을 초래할 수 있는 점을 고려한 것이다.[45]

근로시간 및 휴게시간의 특례는 제정 근로기준법에는 없었으나, 1961. 12. 4. 근로기준법 개정에서 도입되었다.[46] 이 당시 근로시간 및 휴게시간의 특례는 운수업, 물품 판매 및 보관업, 금융보험업 등 법에 열거된 사업으로 공익 또는 국방상 특히 필요할 때 주무장관의 승인을 얻어 초과 연장근로와 휴게시간을 변경하는 것을 허용하는 형태였고, 주당 기준근로시간 범위 내에서 1일 근로시간만 일반 근로자의 경우 8시간 또는 유해 · 위험 작업 종사자의 경우 6시간을 초과할 수 있도록 하는 제도였다. 근로시간 및 휴게의 특례 규정이 현재의 모습과 비슷하게 된 것은 1996. 12. 31. 근로기준법 개정 및 1997. 3. 13. 근로기준법 제정에서였다. 이에 따르면, 운수업, 물품 판매 및 보관업, 금융보험업, 영화제작 및 흥행업, 통신업, 교육연구 및 조사사업, 광고업, 의료 및 위생사업, 접객업, 소각 및 청소업, 이용업 등 공중의 편의 또는 업무의 특성상 필요한 경우에 대통령령이 정하는 사업에서 사용자와 근로자대표가 서면합의를 한 경우에는 연장근로의 한도인 주당 12시간을 초과하여 연장근로를 할 수 있게 하고, 휴게시간을 변경할 수 있도록 하였다.[47] 근로기준법 제59조는 연장근로의 한도 및 휴게시간에 대한 특례를 정하고 있는 것이므로, 연장 · 야간 · 휴일근로에 대한 가산임금, 휴일 및 휴가

45) 김기선 · 강성태 · 조용만 · 한인상 · 정영훈 · 노호창 · 김근주(2015), 『근로시간법제 주요 쟁점의 합리적 개편방안』, 한국노동연구원, p.370.

46) 이하의 내용인 근로시간 및 휴게 특례 규정의 연혁에 대해 보다 자세한 내용은 노동법실무연구회(이정한 · 김진 · 고종완 집필부분)(2020), 『근로기준법 주해 Ⅲ』, 박영사, pp.314~315 참조.

47) 최초에는 사용자와 근로자대표의 서면합의를 노동부장관에게 신고토록 하였으나, 1999. 2. 8. 근로기준법 개정에 의해 신고제도는 폐지되었다.

관련 규정은 그대로 적용된다. 즉, 이에 따르면 연장근로에 대한 가산임금은 별론으로 하면 근로시간 및 휴게시간 특례업종에 해당하는 사업에 근무하는 근로자에게는 1주 상한 없이 연장근로를 하게 할 수 있었다.

이에 근로시간 및 휴게시간의 특례제도에 대하여는 그 대상 사업의 범위가 너무 넓을 뿐만 아니라 연장근로의 상한이 정해져 있지 않아 이론적으로는 '무한' 연장근로가 가능하기 때문에 실근로시간 단축에 배치된다는 문제가 지속적으로 지적되어 왔다.[48] 이에 2018. 2. 8. 근로기준법 개정에서는 근로시간 및 휴게시간 특례 대상 사업의 범위를 현행과 같이 대폭 축소하는 한편, 이들 업종에 해당하는 근로자의 건강권 보호 차원에서 "사용자는 근로일 종료 후 다음 근로일 개시 전까지 근로자에게 연속하여 11시간 이상의 휴식 시간을 주어야 한다"는 일간 최소 연속휴식시간제를 도입하였다(근로기준법 제59조 제2항).

2018년 근로시간제도 개정에서 근로시간 및 휴게시간 특례업종의 범위를 최소화하는 한편, 이들 업종에 해당하는 사업에 종사하는 근로자의 건강권 보호를 위해 일간 최소 11시간 연속휴식시간을 도입한 것은 긍정적으로 평가할 수 있다. 그럼에도 현행 근로시간 및 휴게시간 특례는 1일 근로시간 및 1주 근로시간의 최대한도를 규정하고 있지 않다는 문제를 안고 있다. 앞서 언급한 근로시간의 한도를 규율하는 세 가지 분류방식에 의할 때, 1주 12시간을 초과하는 연장근로가 허용되는 근로기준법 제59조의 근로시간 및 휴게시간 특례 사업에는 11시간 일간 최소 연속휴식시간 보장을 규정하고 있어 간접규제형에 해당하지만, 근로시간의 최대한도를 명시적으로 규율하는 직접규제는 없다. 이러한 점에서 현행 근로시간 및 휴게시간 특례는 1일 근로시간 및 1주 근로시간의 최대한도를 규정하고 있지 않다는 문제를 안고 있다. 근로시간 및 휴게시간 특례 업종의 경우에도 장시간 근로로 인한 건강권이 침해되지 않도록 하는 최소한의 추가적인 제도적인 장치가 마련될 필요가 있다. 이러한 문제점을 해소하기 위해서는 최소한 근로자의 건강 및 안전에 대한 보장의 측면에서 근로기준법 제59조의 연장근로 특례업종의 경우에도 1주 근로시간의 상한을 설정할 필요가 있다.

---

48) 김기선 · 강성태 · 조용만 · 한인상 · 정영훈 · 노호창 · 김근주(2015), 『근로시간법제 주요 쟁점의 합리적 개편방안』, 한국노동연구원, p.370.

4. 야간근로에 대한 규율

현행 근로기준법에 따르면 야간근로는 오후 10시부터 오전 6시까지 사이의 근로를 말하고, 야간근로에 대하여는 야간근로 한 시간에 시간급 통상임금의 50%를 가산하여 지급하여야 한다(근로기준법 제56조 제3항). 현행 근로기준법은 이 규정 이외에 야간근로 및 야간근로를 행하는 근로자에 대한 특별한 보호를 규정하고 있지는 않다.

이는 야간근로 및 야간근로자의 보호를 위한 규율을 하고 있는 유럽연합 근로시간지침과 주요 외국의 입법례와 비교된다.[49] 특히 유럽연합 근로시간지침은 제3장 제8조 내지 제12조에서 야간근로에 대한 특별한 규율을 하고 있다.

우선 야간근로에 대한 규율 또는 야간근로자의 보호를 위해서는 이에 대한 법률상의 정의를 필요로 한다. 이에 따라 유럽연합 근로시간지침은 야간 및 야간근로자에 대한 정의를 하고 있다. 유럽연합 근로시간지침은 "'야간'이란 국내법에 의해 정하여진 7시간을 밑돌지 않는 기간을 말하며, 어떠한 경우에도 자정에서 새벽 5시까지의 기간을 포함하여야 한다"고 규정하고 있다(유럽연합 근로시간지침 제2조 제3호). 또한 유럽연합 근로시간지침에 따른 "야간근로자"는 "통상 하루의 근로시간 중 3시간 이상을 야간에 근로하는 근로자(유럽연합 근로시간지침 제2조 제4호 (a))와 ① 노사협의 후 국내법으로 정해지거나 ② 국가 또는 지역 차원에서 체결된 단체협약 또는 노사협정으로 정해지는 경우 중 해당 회원국의 선택으로 정해진 연간 근로시간 중의 일정 비율 동안 야간에 근로할 것으로 예측되는 근로자(유럽연합 근로시간지침 제2조 제4호 (b))"이다.[50]

야간근로자를 보호하기 위한 야간근로의 상한과 관련하여 유럽연합 근로시간지침은 제8조에서 "유럽연합 회원국은 ① 야간근로자의 통상 근로시간이 24시간 단위로 평균 8시간을 넘지 않도록 할 것, ② 특별한 위험 또는 무

49) 독일, 프랑스 등 유럽 각 국가의 야간근로에 대한 규율의 자세한 내용에 대하여는 김기선 · 강성태 · 조용만 · 한인상 · 정영훈 · 노호창 · 김근주(2015), 『근로시간 법제 주요 쟁점의 합리적 개편방안』, 한국노동연구원 참조.

50) 김기선 · 강성태 · 심재진 · 최석환(편역)(2013), 『EU 노동법전』, 한국노동연구원, pp.360~361.

거운 심신의 긴장이 동반되는 야간근로자가 그 야간근로를 수행하는 시간을 포함하여 어떤 24시간을 기준으로 하더라도 8시간을 초과하지 않도록 하기 위해 필요한 조치를 강구"해야 한다고 규정하고 있다.[51] 그리고 "특별한 위험 또는 무거운 심신의 긴장이 동반되는 야간근로"에 대해 "국내법 그리고/또는 관행이나 단체협약, 노사협정에 의해 야간근로의 특별한 영향과 위험을 고려하여 정의된 것을 말한다"고 규정하고 있다(유럽연합 근로시간 지침 제8조).[52] 그리고 야간근로자에 대한 건강진단 및 주간근로로의 배치전환과 관련하여 유럽연합 근로시간지침 제9조에서는 "회원국은 ① 야간근로자는 배치 전 및 그 후 정기적으로 무료 건강진단을 받을 권리를 확보하기 위해 필요한 조치를 취해야 하며, ② 야간근로의 수행과 연관되어 건강상의 문제가 있다고 확인된 야간근로자는 가능한 한 언제라도 적합한 주간근로로 배치되도록 필요한 조치를 취해야 한다"고 규정하고 있다.[53] 또한 유럽연합 근로시간지침은 제10조에서 "회원국은 야간근로자의 특정 범주의 업무에 대한 특정한 보장을 할 것을 요건으로 할 수 있으며, 이는 야간근로와 관련된 안전 또는 건강의 위험을 부담하고 있는 근로자의 경우 국내법 그리고/또는 관행에 의하여 규정되어 있을 것을 전제로 한다"고 규정하여 야간근로에 대한 보호를 규정하는 한편, 제11조에서는 "회원국은 야간근로자를 일상적으로 사용하는 사용자가 그 요구에 따라 관할 주무행정관청에 통지하기 위해 필요한 조치를 취하여야 한다"고 규정하고 있다.[54] 끝으로 유럽연합 근로시간지침은 야간근로자의 안전과 건강 보호를 위해 회원국이 취해야 할 조치에 대해 별도로 규정하고 있다. 유럽연합 근로시간지침 제12조에 의하면, "회원국은 ① 야간근로자가 그 업무의 성격에 따라 적절한 안전과 건강상의 보호를 받도록 필요한 조치를 해야 하며, ② 야간근로자의 안전과 건강에 관한 적절한 보호와 예방 서비스 또는 설비가 다른 근로자에게

51) 김기선 · 강성태 · 심재진 · 최석환(편역)(2013), 『EU 노동법전』, 한국노동연구원, p.361.
52) 김기선 · 강성태 · 심재진 · 최석환(편역)(2013), 『EU 노동법전』, 한국노동연구원, p.361.
53) 김기선 · 강성태 · 심재진 · 최석환(편역)(2013), 『EU 노동법전』, 한국노동연구원, p.361.
54) 김기선 · 강성태 · 심재진 · 최석환(편역)(2013), 『EU 노동법전』, 한국노동연구원, p.362.

적용되는 것과 동일하게 적용되어야 하며, 상시 이용 가능하도록 필요한 조치를 취해야 한다"고 규정하고 있다.[55)]

현행 근로기준법은 야간근로에 대한 가산임금이라는 금전적 방식에 의한 간접적 규제 이외에 야간근로자에 대한 특별한 보호를 도모하고 있지 않다. 유럽연합 근로시간지침에서 "인간의 신체는 밤에 환경적 요인과 특정한 부담스러운 편성 형태에 더욱 민감하다는 것이 연구 결과 입증되었으며, 따라서 장시간의 야간근로는 근로자의 건강에 유해할 수 있고, 그들의 안전을 위협할 수 있다"[56)]고 밝히고 있는 바와 같이 야간근로는 근로자의 안전과 건강을 침해 또는 위협할 수 있는 위험성을 가지고 있다. 이 점에서 야간근로자의 건강권을 보호하기 위해 제도 마련이 필요하다. 이를 위해서는 우선 우리 노동현장에서는 야간근로가 빈번히 행해지고 있음에도 불구하고 야간근로에 대한 구체적인 실태조사는 충분하지 않다는 점에서 야간근로의 실태에 대한 조사 · 연구가 있어야 한다. 이와 같은 실태에 기반하여, 보호해야 할 필요성이 있는 야간근로자를 설정하는 한편, 일반 근로자에 비해 강화된 근로시간 상한을 설정하는 등 야간근로자의 건강권 보호를 위한 다양한 제도적 장치를 모색할 필요가 있다.[57)]

---

55) 김기선 · 강성태 · 심재진 · 최석환(편역)(2013), 『EU 노동법전』, 한국노동연구원, pp.362~363.

56) 김기선 · 강성태 · 심재진 · 최석환(편역)(2013), 『EU 노동법전』, 한국노동연구원, p.352.

57) 김기선 · 강성태 · 조용만 · 한인상 · 정영훈 · 노호창 · 김근주(2015), 『근로시간법제 주요 쟁점의 합리적 개편방안』, 한국노동연구원, p.358에서 강성태 교수는 "야간 및 휴일의 근로를 제한하는 방법은 근로시간의 총량 규제에 더하여 이렇게 질이 나쁜 시간의 총량만을 특히 제한하는 것으로서, 그 방법으로는 야간근로나 휴일근로의 주간, 월간 또는 연간 총량을 직접적으로 제한하는 방법, 가산임금을 지급할 뿐더러 그에 더하여 보상휴가를 주도록 하는 방법, 할증률을 야간근로나 휴일근로의 시간에 따라 누진적으로 할증하는 방법 등이 있을 수 있다"고 제안하고 있다.

제3절 근로시간제도에 대한 노사 자율성 확대

1. 근로시간 관리단위기간에 대한 노사의 자율성 확대

근로기준법의 근로시간의 관리단위는 기본적으로 1주이다. 이는 유럽연합 근로시간지침이 일간 최소 연속휴식을 보장하면서(유럽연합 근로시간지침 제3조), 7일 평균 근로시간이 연장근로를 포함하여 48시간을 초과하지 않도록 하면서(유럽연합 근로시간지침 제6조) 근로시간의 관리단위기간을 4개월 이내에서 설정할 수 있도록 허용(유럽연합 근로시간지침 제16조)하는 것을 기본적인 모델로 하고 있는 것과 크게 대비된다.

우리는 1주를 근로시간 관리단위기간으로 하는 규율을 1953년 근로기준법 제정 이후 지속해 왔다. 앞서 말한 바와 같이 사업장의 사정에 맞는 근로시간 제도에 대한 노사의 자율성을 존중한다는 측면에서, 일간 최소 연속휴식시간의 도입과 더불어 사용자와 근로자대표의 서면합의로 근로시간 관리단위기간을 월, 분기, 반기, 연 단위로 확대할 수 있도록 할 필요가 있다. 이 경우 일간 최소 연속휴식시간의 경우와 마찬가지로, 각 업종과 업무에 타당한 근로시간 관리단위기간의 특례가 정교하게 규정될 필요가 있다.

2. 재량근로의 대상업무

근로기준법은 이른바 '재량근로'에 대한 근로시간 간주를 규정하고 있다(근로기준법 제58조 제3항). 이 규정은 1996. 12. 31. 근로기준법 개정 및 1997. 3. 13. 근로기준법 제정에서 도입된 규정으로,[58] 이에 따르면, "업무의 성질에 비추어 업무 수행 방법을 근로자의 재량에 위임할 필요가 있는 업무로서 대통령령으로 정하는 업무는 사용자가 근로자대표와 서면합의로 정

58) 노동법실무연구회(이정한 · 김진 · 고종완 집필부분)(2020), 『근로기준법 주해 III』, 박영사, p.309.

한 시간을 근로한 것으로 본다(근로기준법 제58조 제3항)."

재량근로에 간주 근로시간제가 적용되기 위해서는 ① "사용자가 업무의 수행수단 및 시간배분 등에 관하여 근로자에게 구체적인 지시를 하지 아니한다"는 등 업무가 "업무의 성질에 비추어 업무 수행 방법을 근로자의 재량에 위임할 필요가 있는 '재량업무'에 해당해야 하고, ② 대통령령에서 정한 업무에 해당해야 하며, ③ 근로자대표와의 서면합의가 있어야 한다. 이상의 요건을 갖춘 재량근로에 대하여는 사용자와 근로자대표가 서면합의로 정한 시간을 근로한 것으로 본다. 따라서 서면합의로 정한 시간보다 더 많이 근로했다 하더라도 연장근로에 대한 개별적 동의가 필요하지 않으며, 연장근로에 대한 가산임금이 지급되지도 않는다.[59]

한편, 현행 근로기준법은 간주 근로시간제가 적용될 수 있는 재량근로의 대상업무를 근로기준법 시행령에서 정하고 있는 업무에 국한하고 있다. 전문지식을 가진 근로자들의 효율적 활용 및 이를 통한 생산성 증대, 근로자들의 일과 삶의 양립 등 산업현장에서의 수요와 고용구조의 변화 등과 같은 사회·문화적 변동에 대응하기 위해서는 근로시간의 길이와 활용 방식에서의 유연화를 검토하는 것이 필요하다. 제조업 기반 산업사회에서도 근로시간은 근로자의 건강권에 중점을 두었던 반면, 지금 펼쳐지고 있는 고도의 지식기반 산업사회에서 근로시간은 근로자들의 능률적인 생산성 발휘 및 근로자의 삶의 질 향상에 결정적 영향을 미치는 제도라는 관점으로 접근하는 것이 필요하다. 이러한 관점에서 접근할 때, 현행 근로기준법은 재량근로시간제라는 이름으로 일부 업무에 대해 근로자의 자유로운 근로시간 편성을 인정하여 유연성을 담보하기 위한 법제도를 마련하고 있으나, 다른 나라와 제도를 비교할 때 현행 재량근로시간제는 그 대상 업무의 측면에서 그 규율은 상당히 경직적이라고 할 수 있다.[60]

산업 환경의 변화에 따라 업무의 수행 방법 및 시간배분 등에 있어 사용자의 구체적인 지시가 곤란한 업무가 점차 증가하고 있다. 사무직 중 기획

59) 노동법실무연구회(이정한 · 김진 · 고종완 집필부분)(2020), 『근로기준법 주해 Ⅲ』, 박영사, p.312.

60) 재량근로를 포함한 독일, 일본, 영국, 미국의 유연적 근로에 대하여는 김기선 · 이경희 · 최미나 · 조규식 · 문무기(2018), 『휴식있는 삶을 위한 일하는 방식 개선 방안』, 고용노동부, pp.455~636 참조.

등 업무는 제조업 등의 작업공정처럼 일정한 시간 내에 근로를 제공함이 목적이 아니라 창의적 발상 등을 통한 성과물이 중요한 가치를 지니게 된다. 이러한 점을 고려할 때, 근로시간 자율적 편성을 기업의 사정에 맞도록 규율하는 것이 가능하기 위해서는 재량근로시간제의 대상 업무를 법령에서 정하는 방식이 아닌, 노사협정에 의한 자율적인 규율로 전환하는 것을 검토할 필요가 있다.

제4절 휴식제도 개선

근로기준법이 규정하고 있는 휴식제도는 크게 세 가지이다. 휴게(근로기준법 제54조), 주휴일(근로기준법 제55조) 및 연차 유급휴가(근로기준법 제60조)를 포함한 휴가가 그것이다.

휴식제도는 근로자의 건강을 보호하고 여가를 확보해 주는 기능을 하는 한편, 휴식 중에는 근로가 이루어지지 않도록 함으로써 근로시간의 총량을 제한하는 기능을 수행한다.[61] 이러한 점에서 휴식제도의 개선은 근로자의 휴식권 보장 및 적정 근로시간에 대한 규율을 도모한다는 의미를 가지고 있다.

1. 주휴일

주휴일은 근로기준법 제55조에 의해 사용자가 근로자에게 1주 1일 이상 부여해야 하는 유급휴일이다. 현행 근로기준법 제55조 제1항은 "사용자는 근로자에게 1주에 평균 1회 이상의 유급휴일을 보장하여야 한다"고 규정하고 있다. 다만, 근로기준법 시행령은 주휴일이 보장되는 근로자의 범위를 제한하고 있다. 근로기준법 시행령 제30조 제1항에 의하면, 근로기준법 제55조에서 정하는 주휴일은 1주간 소정근로일을 개근한 자에게 보장된다.

---

61) 김기선 · 강성태 · 조용만 · 한인상 · 정영훈 · 노호창 · 김근주(2015), 『근로시간법제 주요 쟁점의 합리적 개편방안』, 한국노동연구원, p.359.

이 밖에 현행 근로기준법에 의하면, 근로기준법 제55조의 주휴일 제도가 적용되지 않는 근로자가 다수 존재한다. 현행 근로기준법의 규정을 살펴보면, ① 동거하는 친족만을 사용하는 사업 또는 사업장과 가사사용인(근로기준법 제11조 제1항), ② 4주 동안(4주 미만으로 근로하는 경우에는 그 기간)을 평균하여 1주 동안의 소정근로시간이 15시간 미만인 초단시간근로자(근로기준법 제18조 제3항), ③ 농림 · 축산 · 양잠 · 수산사업에 종사하는 근로자(근로기준법 제63조 제1호 및 제2호), 감시 또는 단속적으로 근로에 종사하는 사람으로서 사용자가 고용노동부장관의 승인을 받은 근로자(근로기준법 제63조 제3호), 관리 · 감독 업무 또는 기밀을 취급하는 업무에 종사하는 근로자(근로기준법 제63조 제4호)에게 주휴일이 적용되지 않는다.

한편, 주휴일에 관한 국제노동기준으로는 국제노동기구(ILO) 제14호 협약과 제106호 협약을 들 수 있다. ILO 제14호 협약과 제106호 협약에 의하면, 적용 대상자는 7일마다 24시간 이상 연속한 휴식을 할 권리가 보장되며, 주휴일은 가능하면 사업(장)의 모든 근로자에게 동시에 부여되어야 하고, 주휴일은 가능한 한 해당 국가나 지역의 전통이나 관습에 의해 휴식일로 확립된 날에 일치하여야 한다. 이와 같은 ILO 제14호 협약과 제106호 협약에 규정된 주휴일의 기본원칙은 규칙성(regularity), 연속성(continuity), 통일성(uniformity)의 원칙으로 요약된다.[62)]

현행 근로기준법상 주휴일 제도의 특징을 조용만 교수는 다음과 같이 적확하게 언급한다. ① "주휴일 제도의 적용이 배제되는 근로자의 범주가 비교적 넓게 설정되어 있다"는 점, ② "모법인 근로기준법의 위임이 없음에도 근로기준법 시행령에서 '1주 동안의 소정근로일 개근'을 유급 주휴일 부여의 요건으로 규정하고 있다"는 점, ③ "주휴일의 특정 기타 부여 방식에 대한 명시적인 규정 없이 노사의 결정에 맡기고 있다"는 점, ④ "가산임금의 지급, 연소자의 동의, 임산부의 동의 또는 명시적 청구와 같은 주휴일 근로를 일부 제한하는 규정이 있기는 하지만 주휴일 근로의 허용 여부, 주휴일 근로 시 대체휴일의 보장 여부와 그 부여 방법에 대한 명시적인 규정을 두고 있지

---

62) 이에 대해 보다 상세한 내용은 조용만(2022), 「주휴일 제도에 관한 국제노동기준과 한국법의 비교법적 검토」, 『노동법학』 82, 한국노동법학회, pp.203~214 참조.

않다"는 점, ⑤ "주휴일을 유급으로 보장하"고 있다는 점을 든다.[63]

휴식권 보장 차원에서 현행 근로기준법상의 주휴일 제도 적용제외 대상 근로자의 범위를 축소하는 한편, 주휴일이 규칙적으로 부여될 수 있도록 현행 "1주에 평균 1회 이상"으로 되어 있는 규정을 "1주마다 최소 1회 이상"으로 개정하는 방안을 검토할 필요가 있다.[64] 한편, 현행 근로기준법상의 주휴일 제도는 1953년 제정 근로기준법에서 규정되어 지금까지 유급으로 규정되어 있다. 현행 유급 주휴일의 무급화는 사용자와 근로사 간에도 이해관계가 나뉘는 문제라는 점에서 사회적 대화를 통해 신중히 접근되어야 할 문제이다.[65]

2. 시간단위 연차 유급휴가 사용

연차 유급휴가는 근로의무의 면제를 통해 근로자가 신체적 · 정신적 건강을 회복하는 동시에 사회적 · 문화적 생활을 충분히 보장받도록 하는 데 그 취지가 있다.[66] 연차 유급휴가는 1953년 제정 근로기준법에서 규정된 이후 여러 차례 개정되었다. 중요한 변화를 중심으로 살펴보면, 1961. 12. 4. 근로기준법 개정에서는 계속 근로기간에 따른 연차휴가 가산제가 도입되었고, 1980. 12. 31. 근로기준법 개정에서는 현행 근로기준법 제60조 제7항의 규정에 마찬가지로 "유급휴가는 1년간 행사하지 아니한 때에는 소멸된다. 다만, 사용자의 귀책사유로 사용하지 못한 경우에는 그러하지 아니하다"고 하여 1년 미사용 연차휴가의 소멸 규정이 도입되었고, 1989. 3. 29. 근로기준법 개정에서는 1년 개근한 근로자의 휴가 일수를 10일, 9할 이상 출근한 근로자의 휴가 일수를 8일로 상향하였다. 2003. 9. 15. 근로기준법 개정에서는 연차 유급휴가 제도에 상당한 변화가 일어났다. 기존 월차 유급휴가가 폐지

63) 조용만(2022), 「주휴일 제도에 관한 국제노동기준과 한국법의 비교법적 검토」, 『노동법학』 82, 한국노동법학회, pp.216~217.
64) 조용만(2022), 「주휴일 제도에 관한 국제노동기준과 한국법의 비교법적 검토」, 『노동법학』 82, 한국노동법학회, p.230.
65) 현행 유급 주휴일의 제도 개편 시 고려사항에 대하여는 엄상민 · 권혁 · 이정민 · 김기선(2024), 『임금제도 개선방안 연구』, 고용노동부, pp.103~ 104 참조.
66) 대법원 2008. 10. 9. 선고 2008다41666 판결.

되어 연차 유급휴가로 단일화하는 한편, 1년 동안 8할 이상 출근한 근로자에게 15일의 연차 유급휴가를 부여하고 3년 이상 계속 근로한 근로자에게는 매 2년마다 1일을 가산하되 연차 유급휴가의 상한을 25일로 상향하였다. 또한 이 개정에서는 연차 유급휴가의 사용촉진 제도가 도입되어 사용자가 사용촉진 조치를 취한 경우에는 미사용 연차 유급휴가에 대한 금전보상의무가 없음이 규정되었다. 이후 2012. 2. 1. 근로기준법 개정에서는 1년 8할 미만 출근한 근로자에게 1개월 개근 시 1일의 연차휴가를 주도록 하였고, 2017. 11. 28. 근로기준법에서는 계속 근로기간 1년 미만인 근로자에게 1개월 개근 시 부여하는 유급휴가를 다음 연도 휴가일수에서 차감하는 조항이 삭제되었고, 2020. 3. 31. 근로기준법 개정에서는 연차 유급휴가가 임금보전의 대상이 되기보다는 휴가로 사용될 수 있도록 계속근로기간 1년 미만인 근로자가 최초 1년 근로 시까지 사용하지 않은 미사용 연차 휴가는 소멸하는 것으로 규정하였다(근로기준법 제60조 제7항).[67]

현행 근로기준법은 연차 유급휴가를 일 단위로 부여하는 것을 원칙으로 하고 있다. 그러나 사용자와 근로자 간의 합의에 의해 연차 유급휴가를 시간 단위로 사용하는 것도 가능하다.[68] 그럼에도 시간 단위 연차 유급휴가 사용을 명문화하는 방안을 검토할 필요가 있다. 연차휴가는 기본적으로 근로로 인한 피로의 회복 및 여가 생활의 향유를 위해 마련된 제도라는 점에서 시간 단위 연차 유급휴가 사용은 그 제도의 본래적 목적에 부합하지 않는 측면이 있는 것은 사실이다. 그럼에도 맞벌이 가정의 보편화, 육아 및 아이 돌봄의 필요성 등을 이유로 한 시간 단위 연차 유급휴가 제도화에 대한 요구가 커지고 있다. 근로기준법상 명문의 규정이 없더라도 노사 당사자 간 합의로 시간 단위 연차휴가 사용이 인정될 수 있을 것이지만, 이를 명문화하는 경우에 개별 사업 단위에서 시간 단위 연차휴가 활용에 대한 법적 근거를 마련할 수 있을 것으로 판단되고, 이에 따라 연차 유급휴가 사용 활성화에도 도움이 될 것으로 판단된다.

---

67) 이상의 내용은 노동법실무연구회(이정한 · 김진 · 여연심 집필부분)(2020), 『근로기준법 주해 Ⅲ』, 박영사, pp.323~324 및 김근주 · 남궁준 · 양승엽 · 이은주(2023), 『일 · 생활 균형 실현을 위한 근로시간 및 휴식제도 개선 방안』, 한국노동연구원, pp.27~30 참조.

68) 고용노동부 2017. 4. 7. 질의회시, 근로기준정책과-2431.

한편, 시간 단위 연차 유급휴가 제도 도입은 두 가지의 방식을 고려할 수 있다. 그 하나는, 사용자와 근로자대표의 서면합의로 해당 사업에 시간 단위 연차 유급휴가 사용 제도를 도입하도록 하는 방안이다. 현행 근로기준법은 선택적 근로시간제 등 근로시간 유연화 제도에 있어 법정 기준으로부터의 이탈 내지 완화 등의 방법으로 근로자대표와의 서면합의를 그 절차적 요건으로 설정하고 있다. 사업장 내 전체 근로자를 대상으로 하는 경우, 시간 단위 연차 유급휴가 사용에 대한 일부 근로자의 필요성이 인정된다고 하더라도 시간 단위 연차휴가로 인해 연속적 휴가를 통해 연차휴가의 본래적 목적이 제한될 수 있기 때문에 이로 인한 불이익을 완화할 수 있는 절차적 정당성을 마련할 제도적 장치가 필요하다. 다른 하나는, 임신 중인 여성 근로자 또는 돌봄 자녀가 있는 근로자를 대상으로 한 시간 단위 연차휴가 사용 '청구권'을 부여하는 방식으로 시간 단위 연차 유급휴가 사용을 제도화하는 것이다. 이 경우에는 해당 근로자집단에게 시간 단위 연차 유급휴가 사용에 대한 권리를 부여하고 그 행사 여부는 근로자의 자유에 맡겨지고 시간 단위 연차 유급휴가 사용에 따른 근로자의 불이익을 쉽사리 상정할 수 없다는 점에서 이 경우에는 사용자와 근로자대표의 서면합의는 필요하지 않을 것으로 판단된다.

한편, 시간 단위 연차 유급휴가 사용 제도와 관련해서 검토되어야 할 또 하나의 사항은 대상 일수 제한 여부이다. 이와 관련해서는 시간 단위 연차 유급휴가 사용으로 인해 연속적 또는 장기간 휴가 등에 대한 제한이 발생할 수 있으므로 그 대상이나 사용기간을 별도로 규정할 필요가 있다고 판단된다.

3. 근로시간저축휴가제

현행 근로기준법상 휴가로는 보상휴가(근로기준법 제57조), 연차 유급휴가(근로기준법 제60조), 생리휴가(근로기준법 제73조), 출산전후휴가(근로기준법 제74조)가 있다. 생리휴가, 출산전후휴가는 법에서 정한 사실에 의해 부여된다는 점에서 보장적 휴가로 분류되는 반면, 보상휴가는 근로자의 연장근로, 야간근로, 휴일근로에 대해 임금에 갈음하여 부여되는 휴가라는

점에서 보상적 휴가에 해당할 수 있다.[69]

보상휴가제는 사용자가 근로자대표와의 서면합의로 연장근로, 야간근로, 휴일근로에 대해 임금 지급에 갈음하여 휴가를 줄 수 있도록 하는 제도이다(근로기준법 제57조). 2003. 9. 15. 근로기준법 개정 시에 도입된 보상휴가제는 연장근로, 야간근로, 휴일근로에 대한 보상을 금전이 아닌 휴가로 보장할 수 있도록 노사의 선택의 폭을 확대하였다는 데 그 의의가 있었다.[70]

그러나 현행 보상휴가제는 이와 같은 입법취지를 충분히 달성하고 있다고 평가되지는 못하고 있는 실정이다. 이에 따라 현행 근로기준법상 보상휴가제를 근로시간저축휴가제로 확대 개편하여야 한다는 견해가 이전부터 있어 왔다.[71] 근로시간저축휴가제는 은행 계좌와 같이 연장근로, 야간근로, 휴일근로 등의 근로시간을 저축해 두었다가 근로자가 필요한 경우에 이를 휴가로 사용토록 하고 미사용 휴가 등은 임금으로 받을 수 있도록 하는 제도를 말한다. 근로시간저축휴가제는 노사합의의 내용에 따라 플러스(+) 또는 마이너스(-) 근로시간저축휴가제, 단기 또는 장기 근로시간저축휴가제 등 다양한 형태로 나타날 수 있다.[72]

근로시간저축휴가제는 근로에 대한 대가를 임금이 아닌 휴가로 보장한다는 점에서는 보상휴가제와 유사하지만, 개인의 필요성에 따라 단기 휴가뿐만 아니라 교육, 안식년 등 장기간의 휴가를 가능하게 한다는 점에서 근로자의 근로시간주권(Arbeitszeitsourveränität)을 제고하는 데 기여할 수 있다.[73] 이러한 점에서 현행 보상휴가제를 사용자와 근로자대표의 서면합의에 의한 근로시간저축휴가제로 개편할 필요가 있다.[74] 근로시간저축휴가제는 이를

---

69) 노동법실무연구회(이정한 · 김진 · 여연심 집필부분)(2020), 『근로기준법 주해 III』, 박영사, p.322.

70) 노동법실무연구회(김진석 집필부분)(2020), 『근로기준법 주해 III』, 박영사, p.301.

71) 김기선(2020), 「일 · 생활 균형을 위한 근로시간저축제의 도입방향」, 『법학논총』 37(1), 한양대학교 법학연구소, pp.125~153 참조.

72) 독일의 경우 근로시간저축계좌제(Arbeitszeitkonten)가 활성화되어 있다고 평가되고 있는데, 독일 내 근로시간저축계좌제의 다양한 유형에 대하여는 김기선(2020), 「일 · 생활 균형을 위한 근로시간저축제의 도입방향」, 『법학논총』 37(1), 한양대학교 법학연구소, pp.130~143.

73) 김기선(2023), 「근로시간 관련 근로기준법 개정안에 대한 검토」, 『노동법률』 383, p.39.

74) 김기선(2020), 「일 · 생활 균형을 위한 근로시간저축제의 도입방향」, 『법학논총』

활용할 여건과 의지가 있는 노사가 휴식권을 보장할 수 있는 다양한 방안을 찾을 수 있도록 노사에게 그 선택의 폭을 넓혀 주는 데 있다.[75] 한편, 근로시간저축휴가제 도입을 위한 사용자와 근로자대표와의 서면합의에는 ① 근로시간저축휴가제 대상근로자의 범위, ② 적립대상이 될 근로시간 또는 연차휴가의 범위, ③ 근로시간저축휴가제의 정산기간, ④ 근로시간저축휴가제의 정산기간 내에 적립될 근로시간 또는 미리 휴가로 사용할 수 있는 근로시간의 한도, ⑤ 적립된 근로시간에 대한 휴가의 부여 및 실시에 대한 구체적인 사항, ⑥ 그 밖에 근로시간저축휴가제와 관련된 사항 등이 포함되어야 할 것이다.[76]

제5절 요 약

근로시간 및 휴식에 대한 규율은 1953년 근로기준법 제정 이후 수많은 개정이 있어 왔지만 그 전체적인 골격에는 큰 변화가 없었다고 판단된다. 이에 그 배경은 달리하지만 현행 근로기준법상 근로시간 및 휴식 제도에 대한 근본적인 변화를 요구하는 목소리가 커지고 있다. 근로시간 제도에 대한 변화는 급격하게 진행되고 있는 산업구조의 변화, 고용 및 근무형태의 다양화, 근로자의 인식 변화 등 다양한 동인에 의해 추동되고 있다.

이에 본 장에서는 휴식을 포함한 근로시간제도 현대화를 위한 법제도 개선방안을 검토하였다. 이를 검토함에 있어 본 장에서는 첫째, 근로시간제도 적용 제외의 재검토, 둘째, 건강권 보호를 위한 근로시간제도 개선, 셋째, 근로시간제도에 대한 노사 자율성 확대, 넷째, 휴식제도의 개선이라는 크게 네 가지 측면에서의 개선 과제를 검토하였다.

37(1), 한양대학교 법학연구소, p.126.

75) 김기선(2023), 「근로시간 관련 근로기준법 개정안에 대한 검토」, 『노동법률』 383, p.39.

76) 김기선(2020), 「일 · 생활 균형을 위한 근로시간저축제의 도입방향」, 『법학논총』 37(1), 한양대학교 법학연구소, p.143.

우선 근로시간제도 적용 제외 재검토의 측면에서, 상시 4인 이하 사업에 대한 근로시간 및 휴식 제도가 단계적으로 전면 확대 적용될 필요가 있다. 또한 1차 산업에 대한 근로시간 및 휴게 · 휴일 적용 제외는 재검토될 필요가 있다.

건강권 보호를 위한 근로시간제도 개선 과제로는 장시간 근로의 예방 및 포괄임금계약의 오남용으로 인한 문제를 해소하기 위해 근로시간 기록 및 관리를 위한 규율이 필요하다는 점을 지적하였다. 그리고 장시간 근로로 인한 건강권 침해를 방지하기 위한 조치로서 일간 최소 연속휴식시간의 도입이 필요하고 이와 더불어 근로시간 관리단위기간 확대가 필요하다. 또한 근로시간 및 휴게시간 특례 업종에 대한 근로시간 상한을 설정하는 것이 요구된다. 끝으로 실태조사에 근거한 야간근로자에 대한 보호가 마련될 필요가 있다는 점을 지적하였다.

근로시간제도에 대한 노사 자율성 확대의 관점에서, 근로자의 인식 등 변화된 노동시장 환경에 맞게 각 사업장에 맞는 근로시간제도의 설정이 가능하도록 근로시간 관리단위기간을 선택할 수 있도록 할 필요가 있다. 더불어 노사가 재량근로의 대상업무를 자율적으로 합의할 수 있도록 할 필요가 있다.

휴식제도와 관련해서는, 현행 근로기준법상의 주휴일 제도 적용제외 대상 근로자의 범위를 축소하는 노력이 요구된다. 연차 유급휴가와 관련해서는 시간단위 연차휴가 활용에 대한 법적 근거를 마련할 필요가 있다. 또한 현행 근로기준법상의 보상휴가제를 장기휴가 등 근로자의 휴식권 보장이 가능한 근로시간저축휴가제로 개편할 필요가 있다.

제5장
결 론

제1절 연구의 주요결과

이 연구는 우리나라의 근로시간 실태를 국제적 맥락에서 비교 분석하였다. 근로시간 법제 국제 비교연구는 많았으나, 실제 근로시간 실태가 어떤지에 대해서는 국제기구가 내놓는 극히 부분적인 통계에 기초한 연구밖에 없었다. 이런 통계로는 단편적 비교 외에는 불가능해 실제 근로시간이 어떻게 운영되고 있는지에 대한 보다 심화된 이해를 하는 방향까지 나아갈 수 없었다. 이 연구는 이런 한계를 뛰어넘기 위해 개인 원자료를 이용해 근로시간 실태를 비교 분석하고, 각 국가별 근로시간 규제와 관행의 관련성을 분석하여 기존 연구의 공백을 메우는 것을 목표로 하였다. 이를 통해 우리나라의 근로시간 정책이 어떤 방향성을 지향해야 하는지에 대한 시사점을 도출하고자 하였다.

이 연구에서는 근로시간을 측정하는 방법론에 대해서도 검토하였다. 근로시간 실태를 국제비교 하려면 근로시간을 측정하는 방법론적 개선도 중요하다. 해외의 주요 조사들을 보면 평소 근로시간과 실제 근로시간을 구분해 조사하는 경우가 많고, 매주 근로시간을 연속적으로 조사하는 경험도 쌓여 있다. 우리나라는 통계청 경제활동인구조사를 통해 평소 근로시간이 조사되긴 하지만 공표되지 않고 있으며, 근로시간 제도 개선이 중요한 과제로 다루어져 왔음에도 매주 근로시간의 측정은 시도조차 하지 않고 있다.

2023년에는 노동개혁의 일환으로 근로시간 개혁이 주요 주제로 다루어졌다. 이 보고서가 작성된 2024년 말 시점에서도 경제사회노동위원회를 통해 근로시간 개혁이 다루어지고 있는 상태이다. 이 연구에서도 해결해야 할 과제에 대해 검토하여 향후 근로시간 제도 개선 방향을 제시하고자 하였다.

제2장에서는 국제 데이터를 이용해 근로시간 실태를 비교 분석하였다. 우리나라의 근로시간은 2023년 들어 근로자 기준 연간근로시간이 1,874시간으로 떨어졌다. 연간근로시간은 휴가, 휴직 등의 행태와도 관련이 있기 때문에 이를 제외한 평소 근로시간 비교부터 시작할 필요가 있다. 이 보고서에서 분석을 위해 활용한 EWCS와 근로환경조사는 평소 근로시간을 조사하고 있다. 분석결과, 장시간 근로 비중은 이제 EU 15개국 수준에 근접해 있음을 확인할 수 있었고, 단시간 근로에서의 현격한 비중 차이가 평소 근로시간 차이의 가장 중요한 요인인 것으로 결론지을 수 있었다.

유럽은 근로시간이 짧음에도 불구하고 특이시간 근로가 우리나라보다 훨씬 활발한 것도 발견하였다. 토요일, 일요일 근무뿐 아니라 하루 10시간 이상 근무, 야간근로, 교대제 근무에서 모두 우리나라보다 유럽에서 훨씬 활발하게 근로자들에 의해 경험되는 것으로 나타났다. 본문에서 깊이 다루지는 않았지만, 늘 이런 시간대에 일하는 사람도 어느 정도 규모가 되지만, 때때로 이 시간대에 일하는 사람도 상당하게 나타났다. 평소가 아니라 일이 있으면 이렇게 일하는 사람들이 상당하다는 의미이다. 그럼에도 불구하고 우리나라 식의 장시간 근로로 이어지는 것은 아니었다. 일이 있을 때, 필요가 있을 때 수요에 부응하는 대신 일이 적으면 충분히 쉬는 식의 근로행태의 결과로 이해할 수 있다. 4개월 단위 평균 주당 48시간 이내 범위에서 탄력적으로 일하게 되어 있는 EU 지침도 이와 같은 문화의 결과일 것이다.

유연근로도 우리나라와 비교할 수 없을 정도로 현격한 차이로 활발히 이용하고 있었다. 단축근로 등 단시간 형태뿐 아니라 근로자의 시간 및 장소 주권이 어느 정도 보장되는 형태도 활발히 이용되고 있었으며, 출퇴근 시간이 정해져 있지 않은 형태도 상당히 이용되고 있었다.

25~49세 근로자 전체를 대상으로 '시간제', '주당 평소 32시간 미만', '주당 4일 이하 근무', '고정된 출퇴근 시간 없음', '재택', '근로시간 결정권한

있음' 중 하나라도 해당되는 경우로 시간제를 포함해 분석하면, 80% 이상인 국가가 9개국이나 되며(6세 이하 자녀 있는 여성 25~49세 기준), 스페인, 포르투갈, 그리스 정도를 빼면 여성은 6세 이하 자녀 유무와 관계없이 70%를 상회하는 이용률을 보이고(자녀 있는 경우 스페인 66.3%, 포르투갈 43.4%, 그리스 48.4%, 자녀 없으면 이보다 다소 낮음), 남성도 60% 근방의 이용률을 보였다. 이와 같은 높은 수치로부터 다양한 형태의 유연한 근로시간 형태를 25~49세 연령대 전반에서 보편적으로 활용한다고 이해할 수 있겠다. 반면, 우리나라는 유럽 주요국 어느 나라(그리스나 포르투갈)보다도 유연한 근로시간 형태의 활용률이 크게 낮게 나타났다(여성 기준 시간제 포함 시 약 25% 수준 활용).

선진국을 대상으로 할 때 여성 고용은 합계출산과 정(+)의 관계에 있다고 알려져 있다. 이 연구에서는 유연근로시간 형태 활용 정도를 추가로 통제할 때 결과가 어떻게 바뀌는지 확인해 보았다. EU 15개국을 대상으로 합계출산율과 고용률 관계를 추정해 보면 확실히 정(+)의 관계가 나타나지만, 유연근로시간 형태 활용 정도를 통제하면 고용률과 출산율 관계는 무의미해지고, 대신 합계출산율과 유연근로시간 형태 활용 정도는 뚜렷한 정(+)의 관계를 갖는 것으로 나타났다. 즉, (여성의) 시간제 포함 각종 유연근무와 관련된 지표들의 활용 비중이 높은 국가들에서 합계출산율이 높은 경향이 있음을 보여준다. 선진국이 되면 자연스럽게 고용과 출산의 관계가 정으로 바뀌는 것이 아니라, 각종 유연시간 형태들이 활성화되면서 나타난 현상임을 이 결과는 보여준다고 결론지을 수 있었다.

또한, 유럽 데이터를 이용해 분석한 결과, 유연근로시간 형태 활용률과 고용률의 관계는 뚜렷한 정의 관계로 나타났으며, 유연근로시간 형태별로 보면 재택근로와 고정된 출퇴근 시간이 없다는 일생활 균형감각에 영향이 없으나 근로시간 결정권이 나에게 있다, 단시간 등은 뚜렷한 일생활 균형 개선효과를 보였다. 재택근로는 자녀수에 뚜렷한 정의 영향을 미쳤으며, 근로시간 결정권도 그러했다. 여성은 단시간 형태도 뚜렷한 정의 영향을 보였지만, 유럽에서도 남성은 아닌 차이도 있었다.

자녀수에 유의한 영향을 미친 유연근로시간 형태 중 근로자의 시간 및 장소 주권과 관련된다고 볼 수 있는 재택근로와 나에게 근로시간 선택권 있음

/ 상당히 있음만 기업 규모별로 활용률을 분석해 보면, EU 15개국은 6세 이하 자녀가 있는 경우 2~9인 기업에서 일하는 여성 근로자의 45.6%가 활용하고, 10~249인 기업에서 일하는 여성 근로자의 57.8%가 활용하며, 250인 이상 기업에서 일하는 여성 근로자의 69%가 활용하는 것으로 나타난 반면, 우리나라는 이 수치가 각각 20.3%, 21.4%, 33.6%로 절반 미만 수준이며, 250인 이상 규모조차 EU 15개국의 2~9인 규모 활용률에 미치지 못하는 것으로 분석되었다.

EU 15개국의 경우 기업 규모가 작은 곳에는 근로자 비중 자체가 작고, 250인 이상에 거의 절반가량의 근로자가 고용되어 있는 노동시장 구조 차이가 있다. 이를테면, 우리나라 여성 근로자의 40%는 2~9인 규모에 있는데 이 규모에서 유연근로 활용률은 20.3%밖에 되지 않는다. 근로자 대표 역할이 크기 어려운 소규모 업체에 여성 근로자가 많이 분포하고 있어 우리나라에서는 사업주 선의와 선의를 끌어낼 정부의 유인제공이 더 중요하다는 의미이다.

그런데, 엄밀한 방법론을 이용한 연구결과들을 보면 근로자 시간 및 장소 주권과 관련된 유연근로시간 제도들이 기업의 생산성을 개선하는지가 불분명하게 나타난다. 유연근로 그 자체가 아니라 성과관리, 성과급 시스템 등 좋은 경영관행과 결합되었기 때문에 생산성에 긍정적이라는 연구도 있을 정도이다. 실제 유럽 15개국 데이터에서 근로자의 시간 및 장소 선택권이 있는 형태의 유연근로제일 경우 개인 또는 팀 성과급 임금체계(생산직의 개수임금제 포함)와 동반되는 경향이 발견되었다. 시간 주권 및 장소 주권과 관련성이 특히 높은 근로시간 조정권한이 나에게 있음, 재택근로는 근로시간도 일반적인 전일제 근로자보다 긴 것으로 나타나, 업무 강도와 시간 및 장소의 자율성 간에 교환이 있었을 가능성을 시사하였다. 정리하면, 저출산 극복과 근로자 만족을 위해 근로자 시간 주권이 존중되는 것이 시대적 과제라 할 수 있겠지만, 기업의 생산성 요구와도 조화를 이룰 필요가 높음을 보여주며, 근로자 자율성을 높이는 변화는 조직관리, 임금체계 면에서의 개혁과 동반되어야 함을 보여준다고 할 수 있었다.

연간근로시간 차이 중 평소 근로시간으로 설명되는 부분은 단시간 근로 비중 차이로 상당히 설명되며, 유럽에서는 짧은 근로시간을 활발한 유연근로와 특이시간대 근로 감수로 극복하고 있음도 확인할 수 있었다. 연간근로시간 차이에서 큰 부분은 휴가, 휴직 등 쉼 관행과도 관련이 있다. 이 부분은 일시휴직 통계 비교를 통해 극적으로 차이를 확인할 수 있었다. 이를테면, 여름 휴가철에 대부분의 EU 국가들은 취업자의 30% 이상이 일주일 이상의 휴가를 즐기며, 이는 코로나 도시 봉쇄 당시 발생한 일시휴직과 비슷하거나 보다 큰 규모인 것으로 나타났다. 부활절 연휴, 연말 연초에도 상당한 규모의 취업자가 일주일 이상 휴가를 즐기는 것을 확인할 수 있었다. 그러나 우리나라는 8월 일시휴직 규모가 3%에 머무르는 등 비교 자체가 불가능한 휴식수준을 보이는 것으로 나타났다. 이 외에도 OECD 연간근로시간 추정 방법론에 따른 연간근로시간 분해 문헌을 보더라도 평소 주당 근로시간 차이보다는 휴가, 휴직, 병가 등 관행 차이가 훨씬 더 큰 연간근로시간 차이를 야기하는 요인임을 확인할 수 있었다. 일본의 월간 근로시간 감소를 보더라도 시간제 증가나 휴가 증가, 주말근로 감소로 설명될 수 있는 소정 내 근로시간 감소가 주된 역할을 했고, 초과근로시간은 지난 20년 동안 큰 변화가 없는 것으로 나타났다. 이는 우리나라에서도 연간근로시간을 더 감소시키기 위해서는 휴가, 휴직 관행 변화, 근로시간 계좌제나 중소기업에는 없는 병가 제도의 도입 같은 쉼 관련 제도 변화가 필요함을 말해주는 것이다. 다만, 이와 같이 제도 변화를 할 때에는 현행의 시기지정권과 변경권도 개선해야 중소기업에서 실질적으로 쉼이 작동할 수 있을 것이라 제안하였다.

제3장에서는 실근로시간 측정 방법을 다루었다. 이 장에서는 실근로시간 측정의 개선과제로 사업체노동력조사에서는 소정근로시간 중 반차 등 휴가로 일하지 않은 근로시간을 차감하는 부분을 명확히 하는 것과 함께, 경제활동인구조사에서는 조사 주간만이 아니라 매월의 근로시간을 측정하는 방향으로 확대하는 것을 제안하였다.

사업체 응답의 경우 소정근로시간을 주휴포함 지불 근로시간인 209시간으로 응답하는 오류를 어렵지 않게 발견할 수 있었다. 별도로 가이드를 분명히 하지 않는 한 조사오류로 이어질 가능성이 상당했다. 또한, 현재 조사 설문은 일하지 않는 날은 조사하나 반차같이 하루의 일부만 일한 날은 제대로 근로시간이 포착되길 기대하기 어려운 측면이 있었다. 이런 점을 고려해 출근하지 않은 소정비근로일을 조사하는 것이 아니라 비근로시간을 조사하자는 제안을 하였다.

경제활동인구조사의 경우 현재도 조사대상 주간에 대해서는 일-토요일 매일에 대해 근로시간을 각각 기록하도록 하고 있는데, 이 방식을 월간 전체로 확대해 특정 조사대상 주간의 근로시간으로 나머지 주의 근로시간을 외삽해야 하는 문제를 완화하자고 제안하였다. 매일의 근로시간을 가구에 비치한 보조조사표를 활용해 기록하고, 이를 토대로 주간 실근로시간을 응답하는 구조가 갖는 타당성을 고려할 때 매월로 확대하면 더 그럴듯한 연간의 실제 근로시간을 확보할 수 있을 것이라는 기대 때문에 하는 제안이다. 비용을 더 들일 수 있다면, 선진산업국가들에서 발견되듯이 매주 연속조사 형태로 조사 자체를 개편하여 특정 주의 정보가 전체 월을 대표하는 한계를 극복하게 하는 보다 근본적인 조사 방법 혁신도 고려할 수 있을 것이다.

제4장에서는 근로시간 제도의 현대화를 위한 법제도 개선방안을 다루었다. 근로시간 제도변화는 급격하게 진행되고 있는 산업구조의 변화, 고용 및 근무형태의 다양화, 근로자의 인식 변화 등 다양한 동인에 의해 추동되고 있다. 이에 첫째, 근로시간제도 적용 제외의 재검토, 둘째, 건강권 보호를 위한 근로시간제도 개선, 셋째, 근로시간제도에 대한 노사 자율성 확대, 넷째, 휴식제도의 개선이라는 크게 네 가지 측면에서 개선 과제를 검토하였다.

첫 번째 과제로 선진산업국가들에서 사례를 찾기 어려운 근로시간제도의 적용 제외를 재검토하자고 제안하였다. 상시 4인 이하 사업에 대해 근로시간 및 휴식 제도의 단계적이면서 정부 지원이 함께하는 확대 적용 과정을 거치자는 제안과 함께, 1차 산업 일부에 대해서도 근로기준법이 제대로 적용되지 못하고 있는데, 비용이 들지 않는 40시간, 연장근로 상한 등의 규정을 먼저 적용하고, 지불이 동반되어야 하는 가산임금 등은 유예기간을 상당히 두고 적용하여 점진적으로 적용하자고 제안하였다.

건강권 보호를 위해서는 근로시간 기록 관리를 하자고 제안하고 있다. 근로시간 기록 관리는 포괄임금과도 관련성이 있는데, 포괄임금 전면 금지보다는 근로시간 기록 관리를 통해 포괄임금 약정에 포함된 초과근로시간을 넘어서는 경우 초과근로수당을 추가로 지급하도록 하는 식으로 보호하자는 것이다. 또한, 일간 최소 연속휴식시간(11시간 연속 휴식)제를 탄력근로만이 아니라 일반적으로 확대하자고 제안하였다. 다만, 이 제도를 도입하더라도 EU 지침의 4개월 내 48시간 이하 근무처럼 근로시간 관리단위의 확대와 함께 논의하고, 연속휴식시간 제도가 지킬 수 없는 제도가 되지 않도록 특수한 상황, 업종과 업무에 따른 특례를 충분히 함께 검토하는 것이 필요하다고 제안하였다. 특례업종에 대해 일정한 근로시간 상한을 설정할 필요도 제안하였다. 야간근로에 대해서도 가산수당만으로 그치지 말고, 추가적인 보호를 규정하여 선진산업국가들에 준하는 건강권 보호조치를 할 필요가 있다고 제안하였다.

근로시간제도에 대한 노사 자율성도 확대하자고 제안하였다. 가장 중요한 과제는 근로시간 관리단위기간 확대이다. 우리나라는 별도의 유연근무를 도입하지 않는 한 1주 단위이다. 유럽연합은 일간 최소 연속휴식 보장 전제하에 주당 평균 근로시간이 48시간을 초과하지 않으면서 평균을 산정하는 단위로 4개월 이내를 설정하고 있다. 이제는 1주 단위가 아니라 더 긴 기간을 대상으로 노사의 자율적 합의 전제하에 관리단위를 넓힐 필요가 시급하다고 제안하였다.

시간당 노동량이 아니라 성과나 창의성 발휘가 중요한 업무가 늘어나고 있다. 이런 업무에서는 시간에 기초한 보상이 아니라, 시간 자체를 근로자 재량에 맡기는 재량근로의 확대가 불가피하므로 현재보다 대상 업무를 확대하자고 제안하였다. 법에 업무를 명시하는 방식이 아니라 노사 자율로 정하도록 나아가자고 제안하였다.

휴식시간 개편에 대해서도 제안하였다. 주휴일, 시간단위 연차 유급휴가, 근로시간저축휴가 개편 또는 도입을 구체적인 방안으로 제안하였다.

제2절 맺음말

이상과 같이 근로시간 실태 국제비교, 측정방법 개선, 근로시간 현대화를 위한 제도개선 과제를 정리하였다. 근로시간 다양성 확대를 통해 새로운 세대의 요구와 기업의 필요를 조화시켜 나가는 것이 중요한 시대과제로 부상한 가운데, 다른 선진산업국가들과 비교해 우리나라에 너무나도 많은 소규모 기업이 이와 같은 시대상의 변화에 적응할 수 있도록 돕는 것이 중요한 정책적 도전과제로 남아 있는 현실이다.

이번 연구를 통해 그동안 잘 알려져 있지 않았던 서유럽의 근로시간 운영의 실태가 다양한 측면에서 밝혀진 것이 중요한 성과라 할 수 있다. 근로시간은 길지 않게 관리되고 있으나, 우리나라보다 훨씬 활발한 특이시간근로, 하루 10시간 이상 근로, 교대제 근로 등으로 기업의 필요에 어느 정도 부응하며, 근로자의 5% 내외의 큰 규모(우리나라의 5배 이상 규모)를 가지는 관리자 직업군은 상당한 규모의 초과근로를 통해 기업을 이끌고 있는 모습도 관찰할 수 있었다. 유연근로 규모도 우리나라와 정말 현격한 격차를 보이고 있고, 합계출산율, 여성 고용률, 일생활 균형에 긍정적이서 저출산 극복과 고령자와 여성의 경제활동 활성화가 가장 큰 과제로 부상한 고령화 시대 적응을 위해 관련 제도 활성화를 목표로 한 제도 개선이 시급함도 분명히 확인할 수 있었다.

근본적으로 별도의 유연근로를 도입하지 않아도 4개월 단위 이하에서 평균 48시간을 초과하지 않으면 근로시간을 유연하게 활용할 수 있는 근로시간 관리단위 확대 방향으로의 이동이 중장기적 정책방향이어야 한다는 점도 이상의 분석을 통해 확인할 수 있었다. 지금은 하루 8시간을 초과하면 초과근로이므로 40시간 틀에서 주 4일제나 4.5일제를 실험하는 것도 만만치 않다. 대신 11시간 연속 휴식 같은 제도를 동반함을 통해 건강권 보호를 도모하는 제도 변화가 필요할 것이다.

근로시간 길이의 측면에서 장시간 근로의 규제보다는 단시간 근로 활성화가 더 중요한 과제임도 확인할 수 있었다. 연간근로시간을 줄이려면 장시간 근로 감축보다 휴식 관행 변화와 제도개선이 더 중요한 과제임도 확인할 수 있었다. 그런 차원에서 근로시간계좌제 같은 제도 도입을 과제로 제시하였으며, 중소기업들의 부담 감소를 위해 연속휴가 시 시기지정권-변경권 제도도 개선이 필요함을 제안하였다.

일생활 균형을 위한 소소한 변화로서 EU 15개국에서 60% 이상 어려움을 겪지 않는 근로시간 중 가족 등의 이유로 외출하는 것이 우리나라에서는 쉽지 않기 때문에 시간단위 연차 활용도 과제로 제시하였으며, 비슷한 맥락에서 4시간에 30분, 8시간에 1시간 주도록 되어 있는 근로시간 중 휴게시간도

6시간 이상 9시간 이내에서는 30분 이상 등 단축하거나 노사 합의 여지를 넓게 하는 제도 개편도 제시하였다. 이는 이른 퇴근을 가능케 하는 제도변화의 의미를 갖는다.

이상의 변화가 가능하려면, 기업들이 지금보다 훨씬 조직 관리에서 혁신을 해내야 한다. 근로자들의 다양한 근로시간 수요에 부응하는 것은 관리의 방식에서 혁신을 의미하기 때문이다. 근로자들도 보다 밀도 있는 근로시간 내 업무 진행을 통해 생산성 제고를 위해 노력해야 한다. 이와 같은 방식으로 기업의 필요와 근로자의 시간 및 장소 주권이 조화를 이루어야 한다. 결과적으로 생산성이 개선되지 않는다면 보다 짧은 근로시간, 긴 쉼은 지속가능성이 없기 때문이다. 매일 일찍 퇴근하고 주말에는 일 안 하는 줄 알았던 유럽의 근로자들도 일할 때는 업무상 필요를 위해 특이시간대 근로나 하루 10시간 이상 근로를 일부 감수하고, 근로자 시간 주권이나 장소 주권이 존중되는 곳에서 개인 또는 팀 성과급이 상대적으로 활성화되어 있음을 인식할 필요가 있다.

참고문헌

강성태(2016),「근로기준법상 휴식제도의 개정」,『노동법연구』41, 서울대노동법연구회, pp.97~136.

고용노동부,『고용형태별근로실태조사』.

______,「사업체노동력조사」.

______(2021),「근로시간 제도의 이해」.

김근주 · 남궁준 · 양승엽 · 이은주(2023),『일 · 생활 균형 실현을 위한 근로시간 및 휴식제도 개선 방안』, 한국노동연구원.

김기선(2020),「일 · 생활 균형을 위한 근로시간저축제의 도입방향」,『법학논총』37(1), 한양대학교 법학연구소, pp.125~153.

______(2020),「포괄임금제와 근로시간의 기록 · 관리」,『법과 정책연구』20(1), 한국법정책학회, pp.125~161.

______(2022),「상시 5인 미만 사업에 대한 근로기준법 적용」,『법학논총』39(2) 한양대학교 법학연구소, pp.167~193.

______(2023),「근로시간 관련 근로기준법 개정안에 대한 검토」,『노동법률』383.

______(2024),「연장근로 제한 한도 위반 판단 시 연장근로시간의 산정」,『노동법률』393.

김기선 · 강성태 · 심재진 · 최석환(편역)(2013),『EU 노동법전』, 한국노동연구원.

김기선 · 강성태 · 조용만 · 한인상 · 정영훈 · 노호창 · 김근주(2015),『근로시간법제 주요 쟁점의 합리적 개편방안』, 한국노동연구원.

김기선 · 김도환 · 박수경(2023),『근로시간 기록관리 방법에 관한 연구』, 고용노동부.

김기선 · 박수근 · 강성태 · 김근주(편역)(2013),『독일 노동법전』, 한국노동연구원.

김기선 · 이경희 · 최미나 · 조규식 · 문무기(2018), 『휴식있는 삶을 위한 일하는 방식 개선방안』, 고용노동부.

김소영 외(2007), 『근로기준법 적용확대시 파급효과 분석 및 효과적인 방안 연구』, 한국노동연구원.

노동법실무연구회(2020), 『근로기준법 주해 III』, 박영사.

박제성 · 강성태 · 김홍영 · 도재형 · 박귀천 · 이철수 · 최석환 · 배규식(2011), 『장시간 노동과 노동시간 단축(II) - 장시간 노동과 노동법제』, 한국노동연구원.

박지순 · 정영훈 · 장원석 · 임성호(2013), 『근로시간 적용제외제도 개선 연구』, 고용노동부.

엄상민 · 권혁 · 이정민 · 김기선(2024), 『임금제도 개선방안 연구』, 고용노동부.

이인재 · 정진호 · 김동배 · 옥우석 · 조동훈 · 최형재 · 변준석 · 최돈길(2017), 『고용 · 노동통계 프레임워크 작성 및 국가주요지표 체계 진단 연구』, 통계개발원.

임종률 외(2006), 『근로기준법 적용범위의 합리화 방안 연구』, 한국노동법학회 · 고용노동부 .

정진호 · 이성희 · 조태형(2021), 『실 · 지불근로시간 실태와 격차 완화』, 한국노동연구원.

조용만(2022), 「주휴일 제도에 관한 국제노동기준과 한국법의 비교법적 검토」, 『노동법학』 82, 한국노동법학회, pp.195~235.

최지형 · 이인재 · 송준행 · 염경운(2017), 『고용통계 해외사례 연구』, 통계개발원 2017년 상반기 연구보고서, 통계청.

통계청, 「경제활동인구조사」.

______(2024), 『경제활동인구조사 지침서(외부용)』.

한국노동연구원(2024), 「실근로시간 파악을 위한 근로자 실태조사」.

한국문화관광연구원(2023), 『2023 근로자 휴가조사』, 문화체육관광부.

한국은행(2002), 『OECD 생산성 측정 매뉴얼』.

Bloom, Nicholas, Tobias Kretschmer, and John Van Reenen(2011), "Are family-friendly workplace practices a valuable firm resource?," *Strategic Management Journal* 32(4), pp.343~367.

Bloom, Nicholas, Ruobing Han, & James Liang(2024), "Hybrid working from home improves retention without damaging performance," *Nature* 630(27), pp.920~925.

Chung, Heejung(2011), The varying company performance outcomes of working-time flexibility practices, Paper prepared Expert meeting on "Organisation of working time: implications for productivity".

Chung, Heejung and Hyojin Seo(2024), "Flexibility Stigma Across Europe: How national contexts can shift the extent to which flexible workers are stigmatised," *Social Indicators Research* 174, pp. 945~965.

Eurofound(2019), "Rest Breaks from Work: Overview of regulations, research and practice," Publications Office of the European Union, Luxembourg.

ILO(2008a), Resolution I: Measurement of Working Time, Presented at the 18th International Conference of Labour Statisticians.

______(2008b), Report II : Measurement of Working Time, Presented at the 18th International Conference of Labour Statisticians.

______(2013), Statistics of Work and of the Labour Force, ILO, Department of Statistics.

OECD(2001), Measuring Productivity-OECD Manual : Measurement of Aggregate and Industry-Level Productivity Growth, OECD.

Ward, Ashley, Maria Belén Zinni, and Pascal Marianna(2018), "International Productivity Gap: Are labor input measures comparable?," OECD Statistics Working Papers 2018/12.

[부록] 실근로시간 파악을 위한 근로자 실태조사 설문지

통계법 제33조(비밀의 보호 등)
① 통계작성과정에서 알려진 사항으로서 개인 또는 법인이나 단체의 비밀에 속하는 사항은 보호되어야 한다.
② 통계작성을 위하여 수집된 개인 또는 법인이나 단체의 비밀에 속하는 기초자료는 통계작성의 목적 외에 사용하여서는 아니 된다.

※ ID (실사관리번호)			※ LISTID				※ NO		

실근로시간 파악을 위한 근로자 실태조사

안녕하십니까? 귀하의 무궁한 발전을 기원합니다.
한국노동연구원은 노동시장 및 노사관계 연구를 목적으로 설립된 정부출연 연구기관입니다.
최근 유연근무제 등의 확산으로 근로형태가 다양화됨에 따라 개별 근로자가 실제로(actually) 일한 근로시간이 어떠한가에 대한 실태조사를 실시하고 있습니다. 바쁘시더라도 잠시 시간을 내어 응답해 주시면 본 연구에 크게 도움이 되겠습니다.
설문에 대한 모든 응답사항은 철저히 비밀과 무기명으로 처리됩니다. 조사된 모든 내용은 통계 목적 이외에는 절대 사용할 수 없으며, 그 비밀이 보호되도록 통계법(제33조, 제34조)에 규정되어 있습니다. 업무 중 바쁘신 가운데 본 조사에 참여하여 주셔서 고맙습니다.

2024년 9월

KLI 한국노동연구원

※ 본 조사와 관련하여 문의사항이 있으시면 아래로 연락하여 주시기 바랍니다.
▶ 조사수행 : ㈜아이알씨(서울 영등포구 국회대로70길 15-1)
▶ 담 당 자 : 전은희 부장
▶ 회 신 처 : Tel: 02-6279-1920 / E-Mail: irc1@irc.ne.kr / Fax: 0505-909-8170

응답자 정보	응답자명		휴대폰 번호	

※ 응답자 성명과 전화번호 등은 회신내용 확인을 위한 연락 시 필요한 사항이며, 외부에 공개되지 않습니다.

※ 본 조사의 결과는 통계법 제33조에 의거하여 비밀이 보장되며, 설문에 대한 모든 응답과 개인적인 사항은 철저히 무기명으로 처리되고, 통계분석의 목적 이외에는 절대 사용되지 않습니다.

SQ1. 귀하는 2024년 8월 한 달간 봉급 등 어떠한 형태로든 일한 대가를 지급받는 임금근로자로서 일(경제활동)을 하셨습니까? (　)

① 예　　② 아니요 → *조사 종료*

SQ2. 귀하는 2024년 8월 중 현재 기업체로 입사하거나 다른 기업체에서 이직/퇴사하신 적이 있습니까? (　)

① 예 → *조사 종료*　　② 아니요

SQ3. 귀하의 주된 일자리에서의 종사상 지위는 다음 중 어디에 해당되십니까? (　)

① 상용 근로자(고용계약기간 1년 이상)
② 임시 근로자(고용계약기간 1개월 이상 1년 미만)
③ 일용 근로자(고용계약기간 1개월 미만) → *조사 종료*
④ 고용주, 자영업자, 무급가족종사자, 특수형태근로종사자(노무제공자), 단시간근로자, 비취업자 → *조사 종료*

SQ4. 귀하의 주당 소정 근로시간은 몇 시간 정도입니까?

주 (　)시간 → *10시간 이하 조사 종료*

[용어설명]
- **주당 소정 실근로시간**은 일주일간 근무하기로 정한 시간입니다.
  (예: 주5일 근무, 하루 8시간 일하기로 정한 경우, 주당 소정 근로시간은 40시간입니다.)

SQ5. 귀하의 주된 근무형태는 다음 중 어디에 해당됩니까? (　)

① 일근제　　② 교대제
③ 선택근무제　　④ 재량근무제

[용어설명]

- **일근제** : 일정한 시간에 출퇴근을 하는 제도(예: 9시~18시, 8시~17시 근무 등)
- **선택근무제(선택적 근로시간제)** : 1개월 이내의 일정기간(정산 기간)에 걸쳐 근로해야 하는 총 근로시간만 정해놓고 매일의 시업 및 종업시각은 근로자 개개인의 결정에 맡기는 제도
- **재량근무제(재량근로시간제)** : 업무수행 방법을 근로자의 재량에 의해 수행하는 제도(재택근무제 등 포함)

A1. 기본사항

응답자 정보	**성명**	( )
	전화번호	( )
	직위/직급	( )
기업체 특성	**기업체명**	( )
	산업	① 제조업 ② 비제조업 (세부업종 기입:)
	규모	① 300인 이상 ② 100~299인 ③ 100인 미만
근로자 특성	**성별**	① 남성 ② 여성
	출생년도	( )년
	직종	① 관리/사무직 ② 전문/기술직 ③ 서비스/판매직 ④ 생산/기능직 ⑤ 기타( )

A2. 귀하의 8월 1달간 현재 근무하는 기업체에서 초과 실근로시간을 포함한 <u>전체 실근로시간</u>은 어떻게 됩니까?
(휴게시간(식사시간) 및 휴가 등을 제외하고 실제로 근로한 시간을 기입해 주십시오.)

시간/월

B1. 귀하가 근무하는 기업체에서 2024년 8월에 귀하에게 적용된 업무시작 시각, 업무종료 시각, 휴게시간(식사시간) 및 소정 실근로시간은 어떻게 규정(취업규칙, 단체협약 등)되어 있습니까?

※ 교대제 근무자는 근무조별로 작성하여 주시기 바랍니다.
(격일제의 경우 A조, B조의 근무시간을 동일하게 작성)

예시	- A조 : 업무시작 8시, 종료 16시, 휴게시간 1시간, 소정 실근로시간 7시간 - B조 : 업무시작 16시, 종료 24시, 휴게시간 1시간, 소정 실근로시간 7시간 - C조 : 업무시작 24시, 종료 8시, 휴게시간 1시간 30분, 소정 실근로시간 6시간 30분

※ 선택근무제 및 재량근무제 근무자는 평소 자신의 주된 업무시간을 기준으로 작성해 주십시오.

[용어설명]

- **휴게시간(식사시간)**은 **식사, 수면(경비업무) 등**을 포함하는 **긴 휴게시간**을 말합니다.
  짧은 휴식시간(예: 10~20분)도 휴게시간이지만, 대부분 임금이 지급되고 근로시간에도 포함되므로, 휴게시간(식사시간)에는 포함되지 않습니다.
- **소정 실근로시간**은 하루에 근무하기로 정한 시간입니다.
  (업무종료시각-업무시작시각-휴게시간)
  (예: 9시 출근 18시 퇴근, 점심시간 1시간인 경우, 소정 실근로시간은 18-9-1=8시간입니다.)

근무형태 (선택)	업무시작 시각 (24시 표기)	업무종료 시각 (24시 표기)	휴게시간 (식사시간)	(근로일 기준) 소정 실근로시간
① 일근제	□□시 □□분	□□시 □□분	□□시간 □□분	□□시간 □□분
② 교대제				
- 근무조A	□□시 □□분	□□시 □□분	□□시간 □□분	□□시간 □□분
- 근무조B	□□시 □□분	□□시 □□분	□□시간 □□분	□□시간 □□분
- 근무조C	□□시 □□분	□□시 □□분	□□시간 □□분	□□시간 □□분
- 근무조D	□□시 □□분	□□시 □□분	□□시간 □□분	□□시간 □□분
③ 선택근무제	□□시 □□분	□□시 □□분	□□시간 □□분	□□시간 □□분
④ 재량근무제	□□시 □□분	□□시 □□분	□□시간 □□분	□□시간 □□분

B2. 귀하의 2024년 8월 일별 근로시간 실태는 어떻습니까?

〈작성요령〉

B2-1. 먼저 해당 날짜가 소정근로일인지 휴업일(공휴일 및 휴무일 포함)인지 여부를 체크해 주십시오.

- 연차휴가, 병가, 경조사 등의 **휴가 사용으로 개인적으로 출근하지 않은 소정근로일도 '①예'로 체크**하신 후, B2-4에서 '② 실근로시간〈소정 실근로시간'으로 응답하시고, 사유 및 일하지 않은 시간을 기재하여 주시기 바랍니다. (예: 사유: 연차휴가, 일하지 않은 시간: 8시간 00분)

B2-2. 소정근로일이 아닌 휴업일에 근무 여부를 체크하여 주십시오. (소정근로일의 경우 응답 불필요)

- 휴일(휴업일)에 근무한 경우, '①예'로 체크하신 후, 초과실근로시간(휴게시간(식사시간) 제외)을 기재하여 주시기 바랍니다.

B2-3. B1에서 교대제로 일하고 있는 경우, 해당 날짜별로 근무시간에 해당되는 근무조를 기입해 주십시오. (교대제가 아닌 경우 응답 불필요)

B2-4. 소정근로일의 실근로시간(실제로 일한 근로시간)은 소정실근로시간보다 같거나(①), 짧거나(②), 길거나(③) 중 어느 하나에만 해당합니다.

- ①에 해당(같은 경우)하면 각 날짜별로 ①열에 ✓하여 주십시오.
- ②에 해당(짧은 경우)하면 각 날짜별로 ②열에 ✓하여 주시고, 사유(지각/조퇴/비출근 등) 및 일하지 않은 시간을 기재하여 주시기 바랍니다(예: 사유: 조퇴(반차), 일하지 않은 시간: 4시간00분). 연차휴가 등으로 출근하지 않은 날도 같은 형식으로 기입해 주십시오.
- ③에 해당(긴 경우)하면 각 날짜별로 ③열에 ✓하여 주시고, 초과실근로시간(휴게시간(식사시간) 제외)을 기재하여 주십시오. 휴일(휴무일, 휴업일 포함) 실근로시간도 초과실근로시간에 기재하여 주시기 바랍니다.

작성 예시	소정 실근로시간이 8시간(9시~18시, 점심시간 1시간)인 경우, 1) 8시간 일했으면 ①번, 2) 반차 등으로 4시간 일했으면 ②번 응답 후, 사유(반차), 일하지 않은 시간(4시간) 기입 3) 야근 등으로 10시간 일했으면 ③번 응답 후, 초과 실근로시간 (2시간) 기입

[용어설명]

- **소정 실근로시간**은 하루에 근무하기로 정한 시간입니다.(업무종료시각-업무시작시각-휴게시간)
(예: 9시 출근 18시 퇴근, 점심시간 1시간인 경우, 소정 실근로시간은 18-9-1=8시간입니다.)
- **일하지 않은 시간**은 소정근로일에 휴가, 결근 등으로 출근하지 않거나 또는 출근하더라도 반차, 지각/조퇴 등으로 일하지 않은 시간을 말합니다.
- **초과 실근로시간**은 야근 등으로, 일하기로 정해진 시간(소정 실근로시간)을 초과하여 일한 시간입니다.

월일	요일	B2-1. (전체)	B2-2. (B2-1=②)	B2-3. (B1=②)	B2-4. 실근로시간과 소정 실근로시간 비교 (B2-1=①), B2-2=①인 경우 초과 실근로시간만 기입)					
		소정 근로일 여부 ①예 ②아니요	휴업일 근무 여부 ①예 ②아니요	근무조	① 실근로 시간= 소정 실근로 시간	② 실근로 시간 <소정 실근로 시간	사유 ①지각 ②조퇴 ③반차 ④연차 ⑤기타 ( )	일하지 않은 시간 (□□시간 □□분)	③ 실근로 시간> 소정 실근로 시간	초과 실근로 시간 (□□시간 □□분)
8.01	목									
8.02	금									
8.03	토									
8.04	일									
8.05	월									
8.06	화									
8.07	수									
8.08	목									
8.09	금									
8.10	토									
8.11	일									
8.12	월									
8.13	화									
8.14	수									

월일	요일	B2-1. (전체)	B2-2. (B2-1=②)	B2-3. (B1=②)	B2-4. 실근로시간과 소정 실근로시간 비교 (B2-1=①), B2-2=①인 경우 초과 실근로시간만 기입)					
		소정 근로일 여부	휴업일 근무 여부	근무조	① 실근로 시간= 소정 실근로 시간	② 실근로 시간 <소정 실근로 시간	사유	일하지 않은 시간	③ 실근로 시간> 소정 실근로 시간	초과 실근로 시간
		①예 ②아니요	①예 ②아니요				①지각 ②조퇴 ③반차 ④연차 ⑤기타 ( )	(□□ 시간 □□분)		(□□ 시간 □□분)
8.15	목									
8.16	금									
8.17	토									
8.18	일									
8.19	월									
8.20	화									
8.21	수									
8.22	목									
8.23	금									
8.24	토									
8.25	일									
8.26	월									
8.27	화									
8.28	수									
8.29	목									
8.30	금									
8.31	토									

◇ 바쁘신 중에도 끝까지 성의 있게 응답해 주셔서

진심으로 감사드립니다. ◇

◈ 執筆陣

• 성재민(한국노동연구원 선임연구위원)
• 김기선(충남대학교 법학전문대학원 교수)
• 정진호(동인정책연구소 연구팀장)

근로시간 통계 국제비교로 본 정책 방향

▪발행연월일	2024년 12월 26일 인쇄 2024년 12월 30일 발행
▪발 행 인	허 재 준
▪발 행 처	**한국노동연구원** 30147 세종특별자치시 시청대로 370 세종국책연구단지 경제정책동 ☎ 대표 (044) 287-6081 Fax (044) 287-6089
▪조판 · 인쇄	거목정보산업(주) (044) 863-6566
▪등 록 일 자	1988년 9월 13일
▪등 록 번 호	제2015-000013호

 정가 7,000원

ISBN 979-11-260-0776-9